- Table de mesures -

le jus de 1 citron	45 ml (3 c. à soupe)
1 cuillerée à dessert	7 ml (½ c. à soupe)
16 c. à soupe	250 ml (1 t)
1 tasse	1 demiard
2 tasses	1 chopine
4 tasses	1 pinte
une pincée, une pointe	¼ ml (1/16 c. à thé)
la taille d'une noix	15 ml (1 c. à soupe)
la taille d'un œuf	45 ml (3 c. à soupe)
1 tasse ronde	250 ml (1 t) + 15 à 30 ml (1 à 2 c. à soupe)
1 tasse comble	250 ml (1 t) + 45 à 60 ml (3 à 4 c. à soupe)
1 tasse faible	250 ml (1 t) − 15 à 30 ml (1 à 2 c. à soupe)
1 roquille	125 ml (½ t)
1 verre à vin	60 ml (¼ t)
1 dragme fluide	4 ml (¾ c. à thé)
1 once fluide	30 ml (2 c. à soupe)

✿ CONVERSION MÉTRIQUE - MOULES ✿

Type de moules	Métrique	Impérial
Moules à gâteaux	2 l	8 po²
	2,5 l	9 po²
	3 l	12 po x 8 po
	3,5 l	12 po x 8 po
	4 l	13 po x 9 po
	5 l	14 po x 10 po
Moules à gâteaux roulés	1 l	10 po x 7 po x 1 po
	2 l	15 po x 10 po x 1 po
Moules à pain	1,5 l	8 po x 4 po x 3 po
	2 l	9 po x 5 po x 3 po
	3 l	10 po x 5 po x 4 po
Moules ronds	1,2 l	8 po x 1 po
	1,5 l	9 po x 1 po
Assiettes à tarte	1 l	9 po x 1 po
Moules à cheminée	2 l	7 po x 3 po
	3 l	9 po x 4 po

Brunchs et déjeuners

Brioches aux raisins
24 brioches

250 ml (1 t) · lait
125 ml (1/2 t) · sucre
7 ml (1 1/2 c. à thé) · sel
160 ml (2/3 t) · beurre
125 ml (1/2 t) · eau tiède
10 ml (2 c. à thé) · sucre
2 sachets · levure sèche
3 · œufs battus
10 ml (2 c. à thé) · zeste de citron
1,625 l (6 1/2 t) · farine tout usage
500 ml (2 t) · raisins enfarinés

1. Dans une casserole, faire chauffer le lait et retirer du feu juste avant d'atteindre l'ébullition. Ajouter 125 ml (1/2 t) de sucre, le sel et le beurre. Laisser tiédir.
2. Verser l'eau tiède dans un grand bol et ajouter 10 ml (2 c. à thé) de sucre. Saupoudrer la levure sur l'eau. Laisser gonfler une dizaine de minutes.
3. Ajouter à la levure le lait tiède, les œufs, le zeste de citron et 750 ml (3 t) de farine et battre jusqu'à l'obtention d'une pâte lisse. Ajouter les raisins et continuer à battre. Mettre la pâte dans un grand bol beurré ou garni de papier parchemin. Laisser gonfler pendant 1 heure dans un endroit chaud et à l'abri des courants d'air.

4. *Couper la boule de pâte en deux moitiés. Former un rouleau de 30 cm (12 po) de longueur avec chaque moitié. Couper chaque rouleau en 12 morceaux de 2,5 cm (1 po). Donner à chaque morceau la forme d'une boule. Placer les brioches sur une plaque à pâtisserie beurrée ou garnie de papier parchemin. Badigeonner les brioches de beurre fondu. Faire cuire au four préchauffé à 200 °C (400 °F) pendant environ 12 minutes.*

Crêpes

4 grandes crêpes

250 ml (1 t)	lait
2	œufs battus
250 ml (1 t)	farine tout usage
1 pincée	sel
15 ml (1 c. à soupe)	beurre ou huile végétale

1. Incorporer graduellement le lait et les œufs à la farine et au sel. Mélanger jusqu'à l'obtention d'une pâte lisse, sans grumeaux.

2. Laisser reposer le mélange de 1 à 2 heures afin de le rendre plus onctueux.

3. Faire chauffer le beurre dans un poêlon très chaud. Déposer une louche de pâte à crêpe et faire cuire jusqu'à ce que la crêpe se soulève légèrement du poêlon. Faire dorer l'autre côté.

4. Mettre la crêpe au chaud et répéter l'étape 3 jusqu'à ce qu'il n'y ait plus de pâte. Servir les crêpes avec une garniture au choix.

Gaufres*
10 à 12 gaufres

375 ml (1 1/2 t) • farine tout usage
30 ml (2 c. à soupe) • sucre
15 ml (1 c. à soupe) • poudre à pâte
2 ml (1/2 c. à thé) • sel
2 • œufs battus
375 ml (1 1/2 t) • lait

1. Dans un bol, bien mélanger tous les ingrédients jusqu'à l'obtention d'une pâte lisse.
2. Déposer la pâte à la cuillère sur le gaufrier graissé déjà chaud. Faire cuire environ 3 minutes ou jusqu'à ce que les gaufres soient dorées.

* On peut conserver la pâte au réfrigérateur pendant trois jours, et les gaufres pendant deux semaines.

Granola maison
Environ 6 portions

125 ml (1/2 t) • germe de blé
15 ml (1 c. à soupe) • poudre à pâte
2 ml (1/2 c. à thé) • sel
125 ml (1/2 t) • graines de sésame grillées
125 ml (1/2 t) • farine de blé
125 ml (1/2 t) • cassonade

375 ml (1 1/2 t) · flocons d'avoine
60 ml (1/4 t) · dattes dénoyautées hachées
125 ml (1/2 t) · raisins secs
125 ml (1/2 t) · beurre
1 · œuf battu
5 ml (1 c. à thé) · essence vanille
le zeste de 1 orange

1. Chauffer le four à 180 °C (350 °F).
2. Dans un grand bol, verser le germe de blé, la poudre à pâte, le sel, les graines de sésame, la farine, la cassonade et les flocons d'avoine. Mélanger les ingrédients secs. Ajouter les dattes, les raisins secs, le beurre, l'œuf, la vanille et le zeste d'orange. Mélanger de nouveau.
3. Déposer le mélange dans un moule beurré ou garni de papier parchemin ou dans un moule en silicone. Faire cuire au four 10 minutes. Laisser refroidir et couper en carrés ou en rectangles.

Gruau au miel et aux abricots
4 portions

875 ml (3 1/2 t) · eau
125 ml (1/2 t) · abricots séchés, coupés en morceaux
80 ml (1/3 t) · miel liquide
2 ml (1/2 c. à thé) · cannelle moulue

500 ml (2 t) • gruau (instantané ou à
l'ancienne) non cuit

1. Dans une casserole, porter à ébullition l'eau,
les abricots, le miel et la cannelle. Incorporer
le gruau et porter de nouveau à ébullition.
2. Faire cuire à feu moyen pendant environ
1 minute pour le gruau instantané, ou pendant
5 minutes pour le gruau à l'ancienne, ou jusqu'à
ce que le liquide soit presque entièrement
absorbé, en remuant de temps en temps.
3. Laisser reposer jusqu'à la consistance désirée.

Pain aux bleuets
1 pain

250 ml (1 t) • bleuets frais ou surgelés
30 ml (2 c. à soupe) • sucre
500 ml (2 t) • farine
12 ml (2 1/2 c. à thé) • poudre à pâte
2 ml (1/2 c. à thé) • sel
60 ml (1/4 t) • beurre ramolli
1 • œuf
180 ml (3/4 t) • lait

1. Chauffer le four à 190 °C (375 °F).
2. Laisser décongeler les bleuets s'ils sont surgelés
et bien les égoutter. Parsemer le sucre sur les
bleuets.

3. Tamiser ensemble la farine, la poudre à pâte et le sel. Incorporer le beurre aux ingrédients secs. Mélanger l'œuf et le lait, et ajouter aux ingrédients secs. Bien mélanger.

4. Abaisser la pâte sur un plan de travail fariné. Parsemer les bleuets sur la pâte. Rouler la pâte comme on le ferait pour un gâteau roulé.

5. Déposer le pain sur une plaque graissée ou garnie de papier parchemin ou un tapis en silicone. Faire cuire au four 24 minutes.

6. Servir encore chaud avec du beurre.

Pain doré

3 portions (2 tranches de pain par personne)

3	œufs
250 ml (1 t)	lait
15 ml (1 c. à soupe)	sucre
15 ml (1 c. à soupe)	cannelle moulue
2 ml (1/2 c. à thé)	sel
6	tranches de pain
45 ml (3 c. à soupe)	beurre

1. Battre ensemble les œufs, le lait, le sucre, la cannelle et le sel.

2. Tremper les tranches de pain dans le mélange aux œufs en s'assurant de bien imbiber les deux côtés de chaque tranche.

3. Dans un grand poêlon, faire fondre le beurre. Faire brunir chaque tranche de pain 2 minutes de chaque côté. Servir avec du sirop d'érable.

4. Pour varier, on peut utiliser du lait au chocolat plutôt que du lait régulier, ou remplacer la cannelle par de la muscade, du gingembre moulu ou de la cardamome.

Muffins aux pommes sans gras et sans sucre
12 muffins

125 ml (1/2 t) · farine de blé entier
125 ml (1/2 t) · farine tout usage
125 ml (1/2 t) · son de blé
125 ml (1/2 t) · son d'avoine
30 à 45 ml (2 à 3 c. à soupe) · poudre à pâte
4 ou 5 · œufs battus
125 ml (1/2 t) · yogourt nature 2 %
125 ml (1/2 t) · lait
5 ml (1 c. à thé) · essence de vanille
1 ml (1/4 c. à thé) · cannelle
1 ml (1/4 c. à thé) · muscade
250 ml (1 t) · pommes coupées en petits dés

1. Chauffer le four à 180 °C (350 °F).
2. Dans un bol, mélanger les farines avec le son de blé, le son d'avoine et la poudre à pâte. Réserver.
3. Dans un autre bol, mélanger les œufs et le yogourt. Ajouter le lait, la vanille, la cannelle et la muscade et mélanger de nouveau. Incorporer graduellement la préparation au mélange de farine et mélanger jusqu'à l'obtention d'une consistance lisse. Ajouter les dés de pommes et brasser délicatement.
4. Répartir dans des moules à muffins tapissés de moules en papier ou graissés et cuire au four pendant environ 20 minutes ou jusqu'à ce qu'un

cure-dent inséré au milieu des muffins en
ressorte sec*.

* On peut aussi, pour obtenir un pain plutôt que
des muffins, verser le mélange dans un moule à
pain et cuire au four de 35 à 40 minutes.

250 ml (1 t) • gruau
250 ml (1 t) • yogourt ou lait sur*
250 ml (1 t) • farine tout usage ou de blé entier
5 ml (1 c. à thé) • poudre à pâte
2 ml (1/2 c. à thé) • bicarbonate de sodium
2 ml (1/2 c. à thé) • sel
180 ml (3/4 t) • cassonade
1 • œuf battu
60 ml (1/4 t) • beurre fondu ou margarine
250 ml (1 t) • bleuets frais** ou surgelés

Muffins aux bleuets
12 muffins

1. Chauffer le four à 200 °C (400 °F).
2. Dans un bol, mélanger le gruau et le yogourt. Laisser reposer.
3. Dans un autre bol, mélanger la farine, la poudre à pâte, le bicarbonate de sodium, le sel et la cassonade.
4. Incorporer l'œuf battu et le beurre à la première préparation. Ajouter en une seule fois au mélange de farine. Mélanger un peu. Ajouter les bleuets en dernier, délicatement.

5. Répartir dans des moules à muffins et cuire au four de 15 à 22 minutes, jusqu'à ce qu'un cure-dent inséré au centre des muffins en ressorte sec.

* Pour faire surir le lait, simplement y ajouter 5 ml (1 c. à thé) de vinaigre.

** On peut remplacer les bleuets par un autre type de baies.

Muffins au miel et au blé entier
12 muffins

430 ml (1 3/4 t) • farine de blé entier
20 ml (4 c. à thé) • poudre à pâte
1 ml (1/4 c. à thé) • sel
1 • œuf battu
180 ml (3/4 t) • lait
80 ml (1/3 t) • miel
60 ml (1/4 t) • huile végétale
60 ml (1/4 t) • noix de Grenoble hachées
60 ml (1/4 t) • dattes hachées (facultatif)

1. Chauffer le four à 200 °C (400 °F).
2. Dans un bol, mélanger la farine, la poudre à pâte et le sel.
3. Dans un autre bol, mélanger au batteur électrique l'œuf, le lait, le miel et l'huile. Ajouter au mélange de farine et brasser rapidement à la cuillère, pour que la pâte reste grumeleuse. Ajouter les noix et les dattes, si désiré, et mélanger un peu.
4. Répartir la pâte dans des moules à muffins tapissés de moules en papier ou graissés et cuire au four environ 20 minutes ou jusqu'à ce qu'un cure-dent inséré au milieu des muffins en ressorte sec.

Soupes et entrées

Bouillabaisse
6 portions

    60 ml (4 c. à soupe) · beurre
    1 · gousse d'ail émincée
    1 · gros oignon, haché
    250 g (1/2 lb) · poisson blanc à chair ferme
        (par exemple la morue), coupé en morceaux
    1 l (4 t) · fumet de poisson
    1 · bouquet garni
    250 ml (1 t) · purée de tomate ou tomates
        concassées
    60 ml (4 c. à soupe) · vin rouge
    15 ml (1 c. à soupe) · persil frais, haché

1. Dans une grande casserole, faire fondre le beurre et y faire revenir l'ail et l'oignon. Ajouter le poisson, le fumet, le bouquet garni, la purée de tomate et le vin rouge. Laisser mijoter 20 minutes ou jusqu'à ce que le poisson soit tendre.
2. Parsemer la bouillabaisse de persil au moment de servir.

Chaudrée de palourdes sans lait
10 portions

2 ou 3 douzaines · palourdes
6 · pommes de terre coupées en dés
90 ml (6 c. à soupe) · céleri coupé en morceaux
3 · oignons coupés en tranches
2 l (8 t) · eau froide
5 ml (1 c. à thé) · sel
4 · tranches de lard salé, coupées en dés
30 ml (2 c. à soupe) · beurre fondu
    craquelins ou croûtons

1. Faire cuire les palourdes à la vapeur jusqu'à ce qu'elles soient toutes ouvertes. Les sortir de leur coquille et les hacher au mélangeur ou au robot culinaire.
2. Faire cuire les pommes de terre, le céleri et les oignons dans l'eau salée pendant 15 minutes.
3. Faire sauter le lard salé dans un poêlon très chaud. Ajouter au mélange de légumes.
4. Ajouter les palourdes au mélange de légumes et de lard en prenant soin de bien en conserver le jus. Faire mijoter pendant 1 heure.
5. Ajouter le beurre et faire mijoter encore 30 minutes.
6. Servir avec des craquelins.

Gaspacho
4 portions

2 boîtes (796 ml/28 oz chacune) · tomates étuvées
1 boîte (398 ml/14 oz) · olives noires en tranches
180 ml (3/4 t) · céleri haché finement
180 ml (3/4 t) · oignons verts hachés finement
180 ml (3/4 t) · poivron rouge, jaune ou orange
   coupé en petits dés
180 ml (3/4 t) · concombre coupé en petits dés
2 · gousses d'ail
45 ml (3 c. à soupe) · vinaigre de vin rouge
5 ml (1 c. à thé) · sauce Worcestershire
6 gouttes · sauce Tabasco
250 ml (1 t) · bouillon de bœuf du commerce
180 ml (3/4 t) · bouillon de poulet ou de
   légumes du commerce
sel et poivre

1. Au mélangeur ou au robot culinaire, mélanger
   tous les ingrédients, en réservant le quart des
   olives, du céleri, des oignons verts, du poivron
   et du concombre pour la garniture.
2. Couvrir et réfrigérer pendant 24 heures. Servir très
   froid, garni des légumes réservés, avec un croûton
   de pain dans chaque bol, si désiré.

Potage aux carottes et aux panais
4 à 6 portions

60 ml (1/4 t) · beurre
1 · oignon moyen, coupé en tranches
1 · petite gousse d'ail, hachée
1,25 l (5 t) · eau
250 ml (1 t) · panais coupés en tranches fines
375 ml (1 1/2 t) · carottes coupées en tranches
    fines
250 ml (1 t) · céleri coupé en dés
60 ml (1/4 t) · riz à grain long
30 ml (2 c. à soupe) · bouillon de poulet concentré
sel et poivre
persil frais, haché

1. Dans une grande casserole, faire fondre le beurre.
   Faire sauter l'oignon et l'ail jusqu'à ce qu'ils
   soient translucides.
2. Ajouter l'eau, les panais, les carottes, le céleri,
   le riz et le bouillon de poulet. Saler et poivrer
   au goût. Amener à ébullition, puis couvrir et,
   à feu doux, laisser mijoter de 20 à 30 minutes,
   jusqu'à ce que les légumes et le riz soient bien
   cuits.
3. Retirer du feu et réduire en purée au mélangeur,
   au robot culinaire ou à l'aide d'un mélangeur à
   main.
4. Décorer de persil et servir.

Potage Crécy
6 à 8 portions

4 · carottes émincées
1 · oignon émincé
30 ml (2 c. à soupe) · beurre
3 boîtes (284 ml chacune) · bouillon de bœuf
60 ml (1/4 t) · pâtes pour la soupe (petites
    coquilles, anneaux, etc.)
sel et poivre

1. Dans une grande casserole, faire revenir les
    carottes et l'oignon dans le beurre 10 minutes en
    remuant. Ajouter le bouillon de bœuf et amener
    à ébullition. Laisser mijoter 15 minutes.
2. À l'aide d'une passoire, filtrer la soupe afin d'en
    retirer les légumes. Bien presser sur les légumes
    pour en extraire le plus de liquide possible.
3. Ajouter les pâtes dans le bouillon et laisser cuire
    environ 8 minutes ou jusqu'à ce que les pâtes
    soient cuites. Saler et poivrer. Servir très chaud.

Potage crémeux
aux **crosses** de fougère
6 portions

1 kg (2 lb)	têtes de violon
1,5 l (6 t)	eau froide
2 ml (1/2 c. à thé)	sel
30 ml (2 c. à soupe)	beurre
10 ml (2 c. à thé)	ail
250 ml (1 t)	pomme de terre coupée en dés
1,5 l (6 t)	bouillon de poulet
1 ml (1/4 c. à thé)	sel
1 ml (1/4 c. à thé)	piment de Cayenne
10 ml (2 c. à thé)	jus de citron
60 ml (1/4 t)	persil frais, haché
15 ml (1 c. à soupe)	basilic frais, haché
2	jaunes d'œuf
60 ml (1/4 t)	crème 35 %

1. Mettre les têtes de violon dans un sac hermétique et agiter vigoureusement. Les mettre dans un grand bol et verser l'eau froide dessus. Parsemer de 2 ml (1/2 c. à thé) de sel. Laisser reposer une quinzaine de minutes. Retirer les impuretés à la surface de l'eau et bien éponger les têtes de violon.

2. Dans une grande casserole, faire revenir les têtes de violon et l'ail dans le beurre. Faire cuire 3 minutes à feux doux et à couvert. Ajouter les dés de pomme de terre, le bouillon de poulet, le sel, le piment de Cayenne, le jus de citron, le persil et le basilic. Laisser mijoter 30 minutes.

3. Mélanger les jaunes d'œuf et la crème et ajouter au potage ; ne pas laisser bouillir après cette étape.

Soupe « jardinière »
8 à 10 portions

2 l (8 t) • eau

45 ml (3 c. à soupe) • beurre

45 ml (3 c. à soupe) • bouillon de bœuf concentré

250 ml (1 t) • carottes coupées en dés

250 ml (1 t) • céleri coupé en dés

250 ml (1 t) • chou haché

125 ml (1/2 t) • navet coupé en dés

3 • oignons hachés

1 boîte (284 ml / 10 oz) • soupe aux tomates

250 ml (1 t) • vermicelle

sel et poivre

1. Dans une grande casserole, mélanger l'eau, le beurre et le bouillon de bœuf. Ajouter les carottes, le céleri, le chou, le navet et les oignons. Cuire à feu doux pendant environ 90 minutes ou jusqu'à ce que les légumes soient tendres. Ajouter de l'eau si nécessaire

2. Ajouter la soupe aux tomates et le vermicelle et cuire de nouveau pendant 30 minutes. Saler et poivrer au goût, puis servir.

Soupe à l'oignon

4 à 6 portions

30 ml (2 c. à s.)	beurre ou huile végétale
4	oignons coupés en tranches
250 ml (1 t)	bière
1 l (4 t)	bouillon de poulet
1	sachet de soupe à l'oignon
1	feuille de laurier
1 pincée	thym
	sel et poivre
6 à 8	tranches de pain grillé défaites en croûtons

1. Dans une casserole, chauffer le beurre et y faire sauter les oignons jusqu'à ce qu'ils soient légèrement dorés.

2. Sur les oignons, verser la bière, le bouillon de poulet, le sachet de soupe et les assaisonnements. Couvrir et laisser mijoter pendant environ 45 minutes.

3. Pendant ce temps, griller le pain des deux côtés jusqu'à ce qu'il ait une belle couleur dorée.

4. Une fois la cuisson de la soupe terminée, verser dans des bols* et garnir chaque portion d'un croûton.

*   *Pour une soupe plus consistante, mettre 15 ml (1 c. à soupe) de gruyère ou d'emmenthal râpé au fond de chaque bol, ajouter la soupe et les croûtons, puis couvrir de fromage et passer sous le gril jusqu'à ce qu'il prenne une couleur dorée.*

Soupe à l'orge
6 portions

500 g (1 lb) · bœuf haché
15 ml (1 c. à soupe) · beurre
3 · petits oignons, finement hachés
2 ml (1/2 c. à thé) · sel
2 ml (1/2 c. à thé) · poivre
1 boîte (796 ml/28 oz) · tomates en dés
1,5 l (6 t) · eau
2 ml (1/2 c. à thé) · ciboulette
persil au goût
3 · carottes coupées en dés
3 · pommes de terre coupées en dés
3 · branches de céleri coupées en dés
80 ml (1/3 t) · orge

1. Dans une grande casserole, faire revenir la viande dans le beurre. Ajouter les oignons, le sel et le poivre, les tomates et l'eau. Ajouter la ciboulette et le persil. Couvrir et faire mijoter pendant 1 heure à feu moyen-doux.
2. Ajouter les carottes, les pommes de terre et le céleri et poursuivre la cuisson 20 minutes. Ajouter l'orge et poursuivre la cuisson 15 minutes.

Soupe à la citrouille
6 portions

1 · oignon haché finement
15 ml (1 c. à soupe) · beurre
3 · branches de céleri coupées en dés
3 · carottes coupées en tronçons
1,5 l (6 t) · chair de citrouille coupée en cubes
500 ml (2 t) · chou râpé
3 · tomates coupées en dés
375 ml (1 1/2 t) · macaronis

1. Dans une grande casserole, faire revenir l'oignon dans le beurre jusqu'à ce qu'il soit tendre. Ajouter le céleri et les carottes et faire revenir pendant 3 minutes. Ajouter la citrouille, le chou et les tomates.
2. Couvrir d'eau, puis en ajouter 1 l (4 t). Faire cuire à gros bouillons 10 minutes. Ajouter les macaronis et cuire jusqu'à ce qu'ils soient tendres.

Soupe au rutabaga
6 portions

125 g (1/4 lb) · bacon coupé en morceaux
250 ml (1 t) · oignon haché
2 l (8 t) · bouillon de poulet

1 l (4 t) • rutabaga coupé en cubes
250 ml (1 t) • carotte hachée
1 ml (1/4 c. à thé) • sarriette
2 ml (1/2 c. à thé) • poivre
750 g (1 1/2 lb) • pois cassés

1. Dans une grande casserole, faire revenir le bacon et l'oignon pendant 5 minutes à feu doux. Ajouter le bouillon de poulet, le rutabaga, la carotte, la sarriette, le poivre et les pois cassés. Amener à ébullition puis couvrir. Laisser mijoter à feu moyen pendant environ 30 minutes, ou jusqu'à ce que les pois soient tendres.
2. À l'aide d'un mélangeur, d'un robot culinaire ou d'un mélangeur à main, battre le potage jusqu'à l'obtention d'une texture lisse et onctueuse.

Soupe aux fèves à l'italienne
6 portions

250 ml (1 t) • fèves sèches
2 • oignons coupés en dés
45 ml (3 c. à soupe) • beurre
250 ml (1 t) • pommes de terre coupées en dés
250 ml (1 t) • carottes coupées en dés
60 ml (1/4 t) • macaronis non cuits
250 ml (1 t) • tomates coupées en dés
sel et poivre

1. Couvrir les fèves d'eau froide et les laisser tremper toute la nuit. Le lendemain, bien égoutter les fèves. Mettre les fèves dans une grande casserole et les couvrir d'eau. Amener à ébullition. Faire mijoter pendant 1 heure en ajoutant de l'eau dès que le niveau baisse.

2. Dans un poêlon, faire revenir les oignons dans le beurre. Ajouter les oignons aux fèves. Ajouter les pommes de terre, les carottes, les macaronis et les tomates. Saler et poivrer. Poursuivre la cuisson jusqu'à ce que les macaronis soient cuits.

Soupe aux lentilles
6 portions

2 · oignons hachés
2 · gousses d'ail hachées très finement
15 ml (1 c. à soupe) · huile végétale
2 · carottes coupées en tranches
1 · branche de céleri coupée en morceaux
2 ml (1/2 c. à thé) · sarriette séchée
2 ml (1/2 c. à thé) · thym séché
1 l (4 t) · bouillon de légumes ou de poulet
   du commerce
250 ml (1 t) · lentilles sèches lavées, vertes
   ou brunes
1 boîte (796 ml/28 oz) · tomates
sel et poivre
persil frais, haché (facultatif)

1. Dans une grande casserole, faire revenir les oignons et l'ail dans l'huile jusqu'à ce qu'ils soient translucides. Ajouter les carottes, le céleri, la sarriette et le thym et cuire 1 minute.
2. Ajouter le bouillon de légumes, les lentilles et les tomates et amener à ébullition. Faire mijoter à feu moyen 45 minutes. Saler et poivrer au goût.
3. Servir garnie de persil, si désiré, accompagnée de pain complet et de fromage.

Velouté à l'avocat
4 portions

1 · avocat pelé et coupé en gros morceaux
1/2 · oignon coupé en gros morceaux
1 · branche de céleri coupée en gros morceaux
125 ml (1/2 t) · yogourt nature
1 boîte (284 ml) · bouillon de bœuf
7-8 · cubes de glace

1. Placer l'avocat dans le bol du mélangeur ou du robot culinaire. Ajouter l'oignon, le céleri, le yogourt nature et le bouillon de bœuf. Pulser jusqu'à l'obtention d'une soupe lisse.
2. Servir froid, avec des glaçons pour garder la soupe fraîche.

Velouté de brocoli
8 portions

1 • bouquet de brocolis
5 ml (1 c. à thé) • huile d'olive
1 • oignon haché
500 ml (2 t) • bouillon de poulet du commerce
500 ml (2 t) • eau
10 ml (2 c. à thé) • sel
250 ml (1 t) • pois verts surgelés
1 boîte (370 ml) • lait évaporé 2 %
125 ml (1/2 t) • trempette aux poivrons rouges
(facultatif)

1. Couper et jeter le bout de la tige des brocolis. Couper les têtes et les diviser en bouquets. Peler les tiges et les couper en rondelles minces. Réserver.
2. Dans une grande casserole, chauffer l'huile à feu moyen. Ajouter l'oignon et cuire de 5 à 6 minutes, en remuant de temps en temps, jusqu'à ce qu'il ait ramolli et doré. Ajouter le bouillon de poulet, l'eau et le sel en remuant. Amener à ébullition. Ajouter les brocolis et cuire jusqu'à ce qu'ils soient bien verts et tendres, de 3 à 4 minutes. Ajouter les pois verts et retirer du feu.
3. Réduire le mélange en purée au mélangeur ou au robot culinaire et le transférer dans une casserole propre. Verser le lait évaporé dans la purée et mélanger. Chauffer à feu moyen jusqu'à ce que la soupe soit chaude.

4. Retirer du feu et répartir dans huit bols. Garnir chaque portion d'une cuillérée de trempette aux poivrons rouges, si désiré. Servir accompagné de pain baguette.

Brie chaud aux poires caramélisées
8 portions

    1 · oignon vert
    10 ml (2 c. à thé) · beurre
    1 · poire coupée en morceaux
    1 pincée · sel
    1 pincée · cannelle
    60 ml (1/4 t) · jus de poire ou de pomme
    45 ml (3 c. à soupe) · pacanes hachées
    15 ml (1 c. à soupe) · cassonade
    5 ml (1 c. à thé) · thym frais, haché
    5 ml (1 c. à thé) · vinaigre de cidre
    1 (200 g/7 oz) · fromage brie rond

1. Chauffer le four à 180 °C (350 °F).
2. Hacher finement l'oignon vert, en séparant les morceaux verts des blancs. Dans un poêlon, faire fondre le beurre à feu moyen. Faire frire la poire, les morceaux blancs de l'oignon vert, le sel et la cannelle pendant 5 minutes ou jusqu'à ce que la poire ait ramolli.

3. Ajouter le jus de poire, les pacanes, la cassonade, le thym et le vinaigre de cidre. Amener à ébullition en brassant fréquemment. Faire cuire pendant 5 minutes ou jusqu'à ce qu'il n'y ait plus de liquide.

4. Placer le brie dans une assiette allant au four et le couvrir du mélange de poire. Cuire au four 10 minutes ou jusqu'à ce que le fromage ait ramolli. Laisser reposer 5 minutes. Parsemer des morceaux verts de l'oignon vert et servir.

Cubes de fondue parmesan piquants

12 à 18 portions (36 carrés)

125 ml (1/2 t)	beurre ramolli	500 ml (2 t)	fromage parmesan frais, râpé
250 ml (1 t)	farine tout usage	125 ml (1/2 t)	fromage mozzarella râpé
1 ml (1/4 t)	piment de Cayenne	125 ml (1/2 t)	fromage Monterey Jack râpé
2 gouttes	sauce Tabasco	3	blancs d'œuf
500 ml (2 t)	lait	125 ml (1/2 t)	chapelure
3	jaunes d'œuf	125 ml (1/2 t)	germe de blé

1. Chauffer le four à 180 °C (350 °F).

2. Dans une casserole, faire fondre le beurre à feu moyen. Incorporer la moitié de la farine, le piment de Cayenne et la sauce Tabasco. Faire mijoter de 1 à 2 minutes, en remuant sans arrêt. Incorporer le lait à l'aide d'un fouet et amener la préparation à ébullition en continuant de fouetter, jusqu'à ce qu'elle épaississe. Retirer du feu.

3. Dans un petit bol, battre les jaunes d'œuf, réchauffer d'un peu de sauce chaude, puis incorporer ce mélange à la sauce.

4. Ajouter les fromages à la sauce en remuant jusqu'à ce qu'ils soient fondus. Si nécessaire, réchauffer à feu doux, sans faire bouillir.

5. Verser la préparation dans un moule carré de 20 cm (8 po) graissé. Couvrir d'une pellicule plastique et réfrigérer pendant au moins 4 heures ou congeler pendant au moins 2 heures. Lorsque le mélange est ferme, le couper en carrés d'environ 3 cm (1 1/4 po).

6. Dans un petit bol, mélanger les blancs d'œuf avec le reste de la farine, la chapelure et le germe de blé. Enduire chaque carré de la préparation de chapelure de manière à ce qu'il soit complètement enrobé.

7. Au moment de servir, déposer les carrés sur une lèchefrite et chauffer au four de 7 à 10 minutes. Servir chaud.

Chèvre aux champignons et aux tomates séchées
4 portions

Fromage
500 ml (2 t) · champignons hachés finement
15 ml (1 c. à soupe) · huile végétale
30 ml (2 c. à soupe) · beurre
30 ml (2 c. à soupe) · ciboulette hachée
   finement
375 ml (1 1/2 t) · fromage de chèvre
sel et poivre

Vinaigrette
125 ml (1/2 t) · tomates séchées
2 · oignons verts coupés en rondelles
45 ml (3 c. à soupe) · vinaigre balsamique
sel et poivre
90 ml (6 c. à soupe) · huile d'olive

1. Dans un poêlon, faire dorer les champignons
   dans l'huile et le beurre. Une fois le jus des
   champignons évaporé, ajouter la ciboulette et
   le fromage de chèvre. Saler et poivrer au goût.
   Cuire à feu doux jusqu'à ce que le fromage soit
   bien fondu. Mettre le fromage dans de petits
   moules ou ramequins et laisser refroidir 1 heure.
2. Dans un bol, mélanger les tomates séchées, les
   oignons verts et le vinaigre. Saler et poivrer au

goût. Ajouter l'huile et mélanger en battant.
Renverser les moules de fromage sur une assiette
et napper de vinaigrette. Servir avec du pain.

Craquelins au bocconcini et au prosciutto
8 portions

125 ml (1/2 t) · tomates séchées dans l'huile,
    coupées en juliennes
7 ml (1 1/2 c. à thé) · vinaigre balsamique
15 ml (1 c. à soupe) · huile d'olive
2 ml (1/2 c. à thé) · ail haché finement
sel de mer et poivre concassé
250 g (8 oz) · bocconcini
24 · craquelins
60 ml (1/4 t) · prosciutto frais, haché finement
    persil frais, haché (facultatif)

1. Chauffer le four à 150 °C (300 °F).
2. Dans un bol, mélanger les tomates, le vinaigre
   balsamique, l'huile d'olive et l'ail. Saler et
   poivrer au goût.
3. Couper le bocconcini en 24 morceaux. Déposer
   un morceau sur chaque craquelin. Disposer sur
   une lèchefrite et parsemer de prosciutto. Cuire
   au four pendant 4 minutes ou jusqu'à ce que des
   gouttes d'humidité apparaissent sur le fromage.

4. Retirer les craquelins du four et déposer un peu de mélange aux tomates sur chacun. Garnir de persil, si désiré. Servir immédiatement.

Mousse au saumon
500 ml (2 t)

1 boîte (213 g) · saumon rosé*
1 boîte (284 ml/10 oz) · soupe aux tomates
250 ml (1 t) · fromage à la crème
60 ml (1/4 t) · céleri et oignons verts hachés
1 (7 g) · enveloppe de gélatine en poudre

1. Égoutter le saumon et mettre le jus de côté dans un petit bol. Nettoyer le saumon en enlevant la peau et les os. Défaire en miettes. Réserver.
2. Dans un bain-marie, bien mélanger la soupe et le fromage. Ajouter le céleri et les oignons verts, puis le saumon. Mélanger de nouveau.
3. Chauffer le jus de saumon 15 secondes au four micro-ondes. Ajouter la gélatine et brasser. Ajouter le mélange de gélatine au mélange de saumon dans le bain-marie. Brasser 5 minutes.
4. Retirer le bain-marie du feu. Verser le mélange de saumon dans un moule graissé. Réfrigérer pendant au moins 24 heures.

5. Pour démouler, tremper dans l'eau chaude pendant 15 secondes. Renverser sur une assiette et servir accompagné de pain ou de craquelins.

* On peut remplacer le saumon par de la chair de crabe.

Spirales au saumon fumé*
24 amuse-gueules

10 ml (2 c. à thé) · gélatine sans saveur
60 ml (1/4 t) · vin blanc sec
1 (250 g/1/2 lb) · contenant de fromage à la crème ramolli
1 boîte (120 g) · chair de crabe égouttée
2 · oignons verts hachés finement
60 ml (1/4 t) · mayonnaise
250 g (1/2 lb) · saumon fumé coupé en tranches fines
45 ml (3 c. à soupe) · basilic frais, haché

1. Dans une casserole, saupoudrer la gélatine sur le vin. Laisser reposer pendant 5 minutes, puis faire chauffer à feu doux en remuant jusqu'à ce que la gélatine soit dissoute.
2. Dans un bol, mélanger le fromage à la crème, la chair de crabe, les oignons verts et la mayonnaise. Ajouter le mélange de vin et bien mélanger.

3. Déposer le saumon fumé sur du papier ciré. Disposer les tranches en un rectangle de 18 cm x 38 cm (7 po x 15 po) en les faisant se chevaucher. Étendre la garniture de fromage à la crème sur les tranches de saumon en laissant une bordure de 5 mm (1/4 po) tout autour. Rouler comme un gâteau roulé. Envelopper d'une pellicule de plastique et réfrigérer pendant au moins 4 heures.

4. Couper en tranches minces au moment de servir. Garnir d'aneth ou de persil frais et de tranches de citron, si désiré.

* Il est recommandé de préparer les spirales une journée à l'avance.

Tartinade d'été
250 ml (1 t)

125 ml (1/2 t) · fromage cottage
60 ml (1/4 t) · fromage féta émietté
2 ml (1/2 c. à thé) · paprika
1 · oignon vert haché finement
1 pincée · piment de Cayenne

1. Au mélangeur ou au robot culinaire, réduire en purée le fromage cottage et la féta. Incorporer le paprika, l'oignon vert et le piment de Cayenne.

Réfrigérer pendant 1 heure. Servir sur du pain baguette ou des craquelins.

Tartinade aux artichauts
8 portions

3 · gros artichauts
45 ml (3 c. à soupe) · jus de citron
120 ml (8 c. à soupe) · huile d'olive
2 · gousses d'ail coupées en quartiers
4 ml (3/4 c. à thé) · thym frais, haché
5 ml (1 c. à thé) · sel de mer
1 ml (1/4 c. à thé) · poivre noir concassé
1 · feuille de laurier
80 ml (1/3 t) · basilic frais, haché

1. Chauffer le four à 160 °C (325 °F).
2. Prendre un artichaut et replier les feuilles coriaces jusqu'à ce qu'elles se détachent, puis les jeter. Enlever suffisamment de feuilles pour atteindre les feuilles intérieures, tendres, de couleur vert jaunâtre. Couper la partie supérieure vert foncé de chaque feuille. Couper la tige d'artichaut à 2,5 cm (1 po) et en enlever la partie vert foncé. Couper ensuite l'artichaut en quartiers. Enlever la partie pelucheuse et la jeter. Répéter pour les autres artichauts. Dans un bol contenant le jus de citron, bien enrober les morceaux d'artichaut.

3. Dans un poêlon allant au four, verser le mélange d'artichauts et de citron. Ajouter 75 ml (5 c. à soupe) d'huile d'olive, l'ail, le thym, le sel de mer, le poivre et la feuille de laurier. Cuire à feu moyen jusqu'à ébullition, en remuant souvent. Couvrir et cuire au four pendant environ 35 minutes ou jusqu'à ce que les artichauts soient tendres et dorés. Laisser refroidir.

4. Enlever la feuille de laurier. Réduire le mélange d'artichauts en purée au mélangeur ou au robot culinaire jusqu'à l'obtention d'une préparation lisse. Ajouter le basilic et 45 ml (3 c. à soupe) d'huile d'olive. Mélanger une deuxième fois au mélangeur ou au robot culinaire jusqu'à l'obtention d'une purée lisse. Servir avec des craquelins.

Viandes et volailles

Tajine d'agneau
6 portions

30 ml (2 c. à soupe) · huile d'olive
2 · carrés d'agneau
125 ml (1/2 t) · oignon haché
5 ml (1 c. à thé) · sel
5 ml (1 c. à thé) · poivre
1 ml (1/4 c. à thé) · safran
1 · bâtonnet de cannelle
750 ml (3 t) · eau
30 ml (2 c. à soupe) · miel
45 ml (3 c. à soupe) · beurre
250 ml (1 t) · amandes entières, grillées
250 ml (1 t) · dattes fraîches, dénoyautées
15 ml (1 c. à soupe) · graines de sésame grillées

1. Faire chauffer le four à 180 °C (350 °F).
2. Dans une grande casserole allant au four, faire chauffer l'huile. Faire dorer les carrés d'agneau des deux côtés. Réserver.
3. Dans la même casserole, faire revenir l'oignon à feux doux et à couvert 3 minutes. Ajouter l'agneau, le sel, le poivre, le safran et la cannelle. Verser l'eau et amener à ébullition. Retirer du feu. Cuire au four 1 heure et demie.
4. Après ce temps, retirer les carrés d'agneau du plat de cuisson et réserver. Couvrir de papier d'aluminium pour conserver la température.

5. Au mélange d'oignon et d'épices, ajouter le miel. Remettre la casserole sur le feu et faire mijoter jusqu'à l'obtention d'environ 250 ml (1 t) de liquide. Retirer du feu et ajouter le beurre. Mélanger constamment pour le faire fondre.

6. Au moment de servir, découper les carrés d'agneau en côtelettes et déposer dans une grande assiette de service. Napper de sauce et parsemer d'amandes, de dattes et de graines de sésame. Servir avec de la semoule.

Bœuf roulé
4 portions

30 ml (2 c. à soupe) · huile d'olive
2 · oignons hachés finement
1 · poivron vert coupé en cubes
2 · branches de céleri coupées en dés
1 · gousse d'ail émincée
125 ml (1/2 t) · riz non cuit
1 · tranche de bœuf de ronde
45 ml (3 c. à soupe) · moutarde de Dijon
sel et poivre
corde de boucher
375 ml (1 1/2 t) · bouillon de bœuf
3 · carottes coupées en tronçons de 2 cm (3/4 po)
4 · pommes de terre pelées, coupées en morceaux

1. Faire chauffer le four à 180 °C (350 °F).
2. Dans un grand poêlon, faire revenir dans l'huile les oignons, le poivron, le céleri et l'ail. Ajouter le riz et cuire à feux doux.
3. Badigeonner le bœuf avec de la moutarde de Dijon, saler et poivrer.
4. Déposer le mélange de riz et de légumes au centre de la pièce de viande. Rouler et maintenir à l'aide de corde de boucher.
5. Dans une casserole qui va au four, faire revenir dans un peu d'huile le bœuf roulé de chaque côté. Ajouter le bouillon de bœuf, les carottes et les pommes de terre, puis couvrir. Faire cuire au four pendant 1 heure. Ajouter de l'eau ou du bouillon au besoin.

Pain de viande
6 portions

750 g (1 1/2 lb) · bœuf haché
500 ml (2 t) · pain mou
2 · œufs battus
5 ml (1 c. à thé) · sel
5 ml (1 c. à thé) · moutarde en poudre
60 ml (1/4 t) · lait
180 ml (3/4 t) · oignons hachés
60 ml (1/4 t) · ketchup

1. *Chauffer le four à 200 °C (400 °F).*
2. *Dans un bol, mélanger le bœuf, le pain, les œufs, le sel, la moutarde, le lait et les oignons.*
3. *Transférer le mélange dans un plat graissé allant au four et couvrir de ketchup. Cuire au four pendant 45 minutes.*

Boulettes de viande aux légumes

500 g (1 lb)	bœuf haché mi-maigre
60 ml (1/4 t)	chapelure
1	œuf
1 ml (1/4 c. à thé)	sel
1 ml (1/4 c. à thé)	poivre
15 ml (1 c. à soupe)	beurre
125 ml (1/2 t)	oignon haché finement
125 ml (1/2 t)	céleri haché finement
125 ml (1/2 t)	poivron vert haché finement
250 ml (1 t)	champignons hachés
250 ml (1 t)	haricots jaunes coupés en tronçons
250 ml (1 t)	haricots verts coupés en tronçons
5 ml (1 c. à thé)	gingembre frais, râpé
500 ml (2 t)	bouillon de bœuf
30 ml (2 c. à soupe)	sauce soja
2 ml (1/2 c. à thé)	poivre
30 ml (2 c. à soupe)	fécule de maïs
60 ml (1/4 t)	eau

4 portions

1. Dans un grand bol, bien mélanger avec les mains le bœuf haché, la chapelure, l'œuf, le sel et le poivre. Former des boulettes de taille semblable.
2. Dans un grand poêlon, faire fondre le beurre à feu doux. Faire colorer quelques boulettes à la fois de tous les côtés. Réserver.
3. Dans le même poêlon, faire revenir l'oignon, le céleri et le poivron vert pendant 3 minutes. Ajouter les champignons et les haricots. Faire revenir 2 minutes. Ajouter le gingembre. Mélanger délicatement. Ajouter le bouillon de bœuf, la sauce soja et le poivre ; bien mélanger. Amener à ébullition. Ajouter les boulettes et laisser mijoter à couvert 30 minutes.
4. Dans un petit bol, ajouter la fécule de maïs à l'eau et bien mélanger. Ajouter ce mélange à la sauce et bien mélanger. Amener à ébullition, puis retirer du feu. Servir avec du riz blanc ou basmati.

Moussaka
6 portions

2 (1 kg/2 lb) · aubergines pelées et coupées
en tranches d'environ 0,5 cm (1/4 po)
60 ml (4 c. à soupe) · huile d'olive
5 · gousses d'ail émincées
1 · gros oignon, finement haché
1 kg (2 lb) · bœuf haché
1 (796 ml/28 oz) · tomates en dés
1 boîte (540 ml/19 oz) · jus de tomate
2 ml (1/2 c. à thé) · cannelle
1 · feuille de laurier
sel et poivre
125 ml (1/2 t) · fromage kefalotiri ou
parmesan râpé
750 ml (3 t) · béchamel

1. Chauffer le four à 180 °C (350 °F).
2. Placer les tranches d'aubergine sur une planche
à découper garnie de papier absorbant. Parsemer du sel sur un côté des aubergines et laisser
dégorger pendant environ 2 heures. Rincer et
éponger les aubergines.
3. Dans un grand poêlon, faire revenir les aubergines de chaque côté dans 30 ml (2 c. à soupe)
d'huile. Déposer les aubergines cuites sur du
papier absorbant pour éponger l'excédent
d'huile. Réserver.

4. Préparation de la sauce à la viande : dans un grand poêlon, faire revenir l'ail et l'oignon dans 30 ml (2 c. à soupe) d'huile pendant 3 minutes. Retirer du poêlon et réserver.

5. Dans le même poêlon, faire revenir la viande hachée de 3 à 5 minutes, jusqu'à ce qu'elle soit cuite. Ajouter l'oignon et l'ail cuits, les tomates, le jus de tomate, la cannelle et la feuille de laurier. Saler et poivrer. Laisser mijoter à feu doux et à découvert jusqu'à ce que le liquide soit presque entièrement évaporé.

6. Montage de la moussaka : dans un plat allant au four, verser environ la moitié de la sauce tomate. Parsemer de kefalotiri. Placer par-dessus la moitié des tranches d'aubergine et verser environ 375 ml (1 1/2 t) de béchamel. Verser la seconde moitié de la sauce tomate. Parsemer de kefalotiri. Placer par-dessus le reste des tranches d'aubergine et verser le reste de la béchamel. Parsemer du reste du fromage. Faire cuire au four environ 1 heure. Servir chaud ou tiède.

Pot-au-feu
10 à 12 portions

1,5 kg (3 lb) · bœuf à bouillir
30 ml (2 c. à soupe) · huile végétale
2 · oignons coupés en quartiers
3 · clous de girofle
2 ml (1/2 c. à thé) · cannelle
2 ml (1/2 c. à thé) · romarin
jus de 1 citron
500 ml (2 t) · bouillon de bœuf du commerce
15 ml (1 c. à soupe) · farine
10 ml (2 c. à thé) · sel
1 ml (1/4 c. à thé) · poivre
légumes au choix

1. Dans une grande casserole, faire cuire la viande dans l'huile jusqu'à ce qu'elle soit brune. Réserver.
2. Ajouter les oignons, les clous de girofle, la cannelle, le romarin et le jus de citron au bouillon de bœuf, ainsi que la farine, le sel et le poivre. Bien mélanger et verser sur la viande. Couvrir et cuire à feu doux pendant 3 heures ou jusqu'à ce que la viande soit tendre.
3. Environ 30 minutes avant la fin de la cuisson, ajouter des légumes au choix : pommes de terre, carottes, haricots, navets, chou ou autres.

Cigares au chou

4 portions

500 g (1 lb)	agneau, veau ou bœuf haché
1	oignon haché finement
1	poivron vert coupé en petits morceaux
125 ml (1/2 t)	riz cuit selon les indications du fabricant
	sel et poivre
	feuilles d'un chou
	eau bouillante
45 ml (3 c. à s.)	beurre ou huile végétale
1 boîte (680 ml /24 oz)	sauce tomate

1. Chauffer le four à 180 °C (350 °F).
2. Dans un bol, mélanger la viande, l'oignon, le poivron, le riz cuit, du sel et du poivre. Réserver cette farce.
3. Détacher les feuilles de chou, les placer dans l'eau bouillante pendant 5 minutes et les laisser refroidir. Mettre une cuillérée de farce par feuille de chou, attacher avec un cure-dent et saisir dans le beurre dans un poêlon.
4. Dans un plat allant au four, déposer les cigares au chou et couvrir de sauce tomate. Cuire au four pendant environ 1 heure.

Pâté chinois
6 portions

5 · pommes de terre coupées en quartiers
2 · carottes coupées en tranches*
1 boîte (341 ml/12 oz) · maïs en crème
1 boîte (341 ml/12 oz) · maïs en grains égoutté
15 ml (1 c. à soupe) · huile végétale
1 · oignon haché
500 g (1 lb) · bœuf haché

sel et poivre
paprika

1. Chauffer le four à 180 °C (350 °F).
2. Dans une casserole d'eau salée, faire bouillir les pommes de terre et les carottes jusqu'à ce qu'elles soient tendres. Égoutter et réduire en purée. Réserver.
3. Dans un bol, mélanger le maïs en crème et le maïs en grains. Réserver.
4. Dans un poêlon, chauffer l'huile à feu vif et y faire revenir l'oignon pendant environ 1 minute ou jusqu'à ce qu'il devienne translucide. Ajouter le bœuf haché et cuire pendant environ 3 minutes ou jusqu'à ce qu'il soit brun. Égoutter le gras de cuisson. Saler et poivrer au goût.
5. Dans un plat allant au four, déposer le bœuf haché, le mélange de maïs, puis les pommes de terre et les carottes en purée. Saupoudrer de paprika au goût. Faire cuire au four pendant environ 30 minutes. Servir chaud, accompagné de ketchup aux fruits.

* On peut remplacer les carottes par une patate douce.

Veau bordelaise
4 portions

1 kg (2 lb) · cubes de veau
60 ml (4 c. à soupe) · huile d'olive
sel et poivre
7 ou 8 · petits oignons ou
1 · gros oignon, coupé en quartiers
1 · gousse d'ail
125 ml (1/2 t) · eau
60 à 90 ml (4 à 6 c. à soupe) · concentré
    de tomate
60 ml (4 c. à soupe) · cognac
250 ml (1 t) · champignons coupés en tranches
45 ml (3 c. à soupe) · persil frais, haché

1. Dans un grand poêlon, faire revenir le veau
dans une partie de l'huile d'olive. Saler et
poivrer. Retirer du poêlon et réserver.
2. Faire revenir les oignons et l'ail dans le reste de
l'huile pendant 3 minutes. Ajouter le veau. À
feu vif, verser l'eau et le concentré de tomate sur
le veau. Bien mélanger. Verser le cognac pour
déglacer. Ajouter les champignons. Faire mijoter
à feu moyen, à couvert, pendant 45 minutes.
3. Parsemer de persil au moment de servir.

Escalopes de veau
4 portions

1 · œuf battu
250 ml (1 t) · chapelure
500 g (1 lb) · escalopes de veau minces
75 ml (5 c. à soupe) · huile végétale
1 boîte (540 ml/19 oz) · tomates
60 ml (1/4 t) · fromage parmesan
fromage mozzarella râpé

1. Chauffer le four à 180 °C (350 °F).
2. Dans un bol, mélanger l'œuf et la chapelure, puis en enrober le veau.
3. Dans un poêlon, faire chauffer l'huile et y faire brunir le veau.
4. Dans un plat allant au four, déposer le veau et les tomates et parsemer de parmesan. Couvrir de mozzarella au goût et faire cuire au four de 30 à 40 minutes.

Rognons de veau au cari
6 portions

3 · rognons de veau
45 ml (3 c. à soupe) · beurre
6 · échalotes françaises finement hachées
15 ml (1 c. à soupe) · farine

15 ml (1 c. à soupe) • cari
60 ml (4 c. à soupe) • crème fraîche
1 ml (1/4 c. à thé) • piment de Cayenne
sel et poivre
30 ml (2 c. à soupe) • persil frais, haché

1. Faire tremper les rognons dans de l'eau froide
   pendant 2 heures
2. Nettoyer et parer les rognons : retirer la peau qui
   les recouvre, ouvrir en deux, retirer la partie
   graisseuse du centre et couper en dés.
3. Dans un grand poêlon, faire fondre 30 ml (2 c.
   à soupe) de beurre et y faire revenir les échalotes
   pendant 3 minutes à feu moyen. Ajouter les
   rognons et faire revenir à feu vif pendant 5
   minutes. Retirer et conserver au chaud.
4. Dans le poêlon, faire fondre le beurre restant.
   Ajouter la farine et le cari. Bien mélanger. Ajouter la crème et le piment de Cayenne. Saler et
   poivrer. Faire cuire pendant environ 5 minutes
   à feu moyen en remuant.
5. Verser les rognons dans la sauce et faire cuire
   pendant 5 minutes à feu très doux.
6. Parsemer les rognons de persil au moment
   de servir.

Cretons de veau légers
8 portions de 125 g (1/4 lb) chacune

    1 kg (2 lb) · veau haché
    3 · gousses d'ail écrasées
    1 · oignon haché finement
    1 pincée · thym séché
    poivre et sel
    5 ml (1 c. à thé) · clou de girofle moulu
    15 ml (1 c. à soupe) · persil frais, haché ou séché
    5 ml (1 c. à thé) · ciboulette
    eau
    30 ml (2 c. à soupe) · moutarde de Dijon
    30 ml (2 c. à soupe) · pâte de tomate

1. *Dans une grande casserole, mélanger le veau, l'ail, l'oignon, le thym, du poivre et du sel au goût, le clou de girofle, le persil et la ciboulette. Couvrir d'eau (environ 1 cm (1/2 po) au-dessus du mélange). Cuire à feu doux pendant environ 1 heure ou jusqu'à ce que l'eau soit absorbée. Retirer du feu.*
2. *Ajouter la moutarde de Dijon et la pâte de tomate et mélanger. Passer quelques secondes au mélangeur ou au robot culinaire pour obtenir un mélange uniforme. Verser dans un moule ou un bol et réfrigérer jusqu'à ce que les cretons soient fermes, puis servir.*

Côtelettes de porc aux pommes
6 portions

6 · côtelettes de porc
2 · oignons coupés finement
15 ml (1 c. à soupe) · beurre
3 · pommes coupées en quartiers
thym
sel et poivre
180 ml (3/4 t) · eau ou jus de pomme

1. Chauffer le four à 180 °C (350 °F).
2. Dans un poêlon allant au four, faire dorer les côtelettes et les oignons dans le beurre. Ajouter les pommes, du thym, du sel et du poivre au goût ainsi que l'eau. Cuire pendant quelques minutes, jusqu'à ce que les pommes soient légèrement molles.
3. Cuire au four de 15 à 20 minutes.

Côtelettes de porc à la mexicaine
6 portions

6 · côtelettes de porc d'environ 4 cm (1 ½ po) d'épaisseur
15 ml (1 c. à soupe) · beurre
15 ml (1 c. à soupe) · céleri haché
60 ml (1/4 t) · bouillon de volaille

125 ml (1/2 t) • maïs en grains
125 ml (1/2 t) • compote de pommes
0,5 ml (1/8 c. à thé) • poivre
80 ml (1/3 t) • chapelure
125 ml (1/2 t) • bouillon de volaille
1 • branche de romarin frais

1. Faire une incision au centre de chaque côtelette de manière à pouvoir insérer de la farce.
2. Dans un grand poêlon, faire fondre le beurre et colorer les côtelettes de porc de chaque côté. Retirer les côtelettes du poêlon et réserver.
3. Dans le même poêlon, faire revenir le céleri à feu moyen.
4. Déglacer le poêlon avec 60 ml (1/4 t) de bouillon de volaille.
5. Ajouter le maïs, la compote de pommes, le poivre et la chapelure et bien mélanger.
6. Farcir les côtelettes avec ce mélange ; utiliser des cure-dents pour bien refermer les côtelettes, si nécessaire.
7. Déposer les côtelettes dans un plat allant au four.
8. Verser 125 ml (1/2 t) de bouillon de volaille sur la viande.
9. Faire cuire au four préchauffé à 180 °C (350 °F), à découvert, pendant 20 minutes.
10. Couvrir le plat et laisser cuire 20 minutes.

Sauté de porc et de légumes à la chinoise
4 portions

500 g (1 lb) · porc
30 ml (2 c. à soupe) · sauce soja
2 ml (1/2 c. à thé) · gingembre frais, haché
1 · gousse d'ail écrasée
45 ml (3 c. à soupe) · huile d'arachide
180 ml (3/4 t) · carottes coupées en morceaux
500 ml (2 t) · brocoli coupé en morceaux
500 ml (2 t) · chou-fleur coupé en morceaux
125 ml (1/2 t) · pois mange-tout
180 ml (3/4 t) · oignon haché finement
180 ml (3/4 t) · poivron rouge coupé en dés
250 ml (1 t) · céleri haché finement
125 ml (1/2 t) · courgettes coupées en morceaux
1 l (4 t) · chou chinois coupé en morceaux
250 ml (1 t) · champignons coupés en quartiers
60 ml (1/4 t) · eau
15 ml (1 c. à soupe) · fécule de maïs

1. Couper le porc en morceaux ; les faire mariner dans le mélange de sauce soja, de gingembre et d'ail pendant environ 30 minutes.
2. Faire chauffer un peu d'huile dans un wok (ou dans une sauteuse), à feu vif, et faire cuire successivement les carottes, le brocoli, le chou-fleur et les pois mange-tout, en ajoutant chacun

des légumes à intervalles de 1 minute. Retirer ce mélange du wok et le réserver au chaud, à couvert.

3. Verser un peu d'huile dans le wok et faire cuire successivement, à feu vif, l'oignon, le poivron rouge, le céleri, les courgettes, le chou chinois et les champignons. Réserver ce mélange au chaud avec les autres légumes.

4. Faire chauffer le reste de l'huile dans le wok et faire cuire la viande à feu vif de 2 à 3 minutes. Répartir la viande sur le contour du wok ou la réserver avec les légumes.

5. Verser l'eau dans le wok et l'épaissir avec la fécule de maïs préalablement diluée dans un peu d'eau. Laisser cuire 1 minute. Ajouter les légumes cuits et la viande s'il y a lieu. Remuer et laisser chauffer de 1 à 2 minutes, en remuant. Amener à ébullition et servir chaud.

Rôti de porc glacé
6 portions

160 ml (2/3 t) · pâte de tomate
125 ml (1/2 t) · marmelade d'oranges
60 ml (1/4 t) · oignon haché finement
60 ml (1/4 t) · jus de citron
60 ml (1/4 t) · sauce soja
2 ml (1/2 c. à thé) · marjolaine

1 ml (1/4 c. à thé) · poivre
1 (1,75 kg à 2,25 kg (3 ½ lb à 4 ½ lb) · rôti de
    porc avec filet et os

1. Chauffer le four à 180 °C (350 °F).
2. Dans une casserole, mélanger la pâte de
   tomate, la marmelade, l'oignon, le jus de
   citron, la sauce soja, la marjolaine et le poivre.
   Faire chauffer à feu moyen en remuant.
3. Placer le rôti de porc, côté gras, sur une grille
   à découvert. Cuire au four pendant environ
   30 minutes par livre.
4. Durant les 40 dernières minutes de cuisson,
   badigeonner le rôti de porc toutes les 10 minutes
   avec la sauce.
5. Servir avec la sauce restante.

Dumplings*
25 à 30 dumplings

500 g (1 lb) · porc haché
3 · oignons verts hachés finement
30 ml (2 c. à soupe) · sauce soja
sel et poivre
1 · œuf
1 · gousse d'ail hachée finement
champignons hachés (facultatif)

25 à 30 • carrés de pâte à dumplings de 9 cm
(3 1/2 po) surgelés ou frais

1. Dans un bol, mélanger le porc, les oignons verts,
la sauce soja, du sel et du poivre au goût, l'œuf,
l'ail et les champignons, si désiré.
2. Placer 5 ml (1 c. à thé) du mélange au milieu
d'un carré de pâte à dumplings. Humecter les
bords de la pâte avec de l'eau. Plier en deux de
façon à former un triangle. Bien appuyer sur les
rebords pour qu'ils adhèrent. Humecter les deux
côtés du triangle, les rabattre et les faire adhérer
ensemble.
3. Dans une grande casserole, faire bouillir de l'eau
salée et y faire cuire les dumplings pendant
5 minutes. Retirer. Ajouter les dumplings à une
soupe ou faire sauter dans une sauce piquante.

* On peut congeler les dumplings en les plaçant
dans une lèchefrite couverte de papier ciré.

Poulet aigre-doux
4 portions

250 ml (1 t) • ketchup
250 ml (1 t) • eau
15 ml (1 c. à soupe) • sauce Worcestershire
60 ml (1/4 t) • cassonade

30 ml (2 c. à soupe) · vinaigre
15 ml (1 c. à soupe) · moutarde
sel et poivre
60 ml (1/4 t) · beurre
4 · poitrines de poulet désossées
2 · oignons coupés en tranches
250 ml (1 t) · céleri coupé en tranches

1. Chauffer le four à 180 °C (350 °F).
2. Dans un grand bol, mélanger le ketchup,
   l'eau, la sauce Worcestershire, la cassonade, le
   vinaigre et la moutarde jusqu'à l'obtention d'une
   sauce lisse. Saler et poivrer au goût. Réserver.
3. Dans un poêlon allant au four, faire fondre le
   beurre. Faire dorer les poitrines de poulet de
   chaque côté. Retirer le poulet et réserver.
4. Dans le gras de cuisson, faire revenir les oignons
   et le céleri de 2 à 3 minutes. Verser la sauce
   dans le poêlon et mélanger. Laisser mijoter à feu
   moyen pendant 10 minutes.
5. Ajouter les poitrines de poulet. Faire cuire au
   four pendant environ 1 heure, à découvert, en
   remuant de temps à autre.
6. Servir accompagné de pommes de terre en purée
   ou de riz.

Riz au poulet espagnol
6 portions

15 ml (1 c. à soupe) · huile végétale
1 (1,5 kg/3 lb) · poulet coupé en huit morceaux
5 · tranches de bacon coupées en lanières
   (lardons)
250 ml (1 t) · oignon coupé en tranches fines
1 · gousse d'ail hachée
125 ml (1/2 t) · poivron rouge haché finement
250 ml (1 t) · tomates coupées en dés
2 ml (1/2 c. à thé) · paprika
750 ml (3 t) · bouillon de poulet du commerce
375 ml (1 1/2 t) · riz non cuit
2 ml (1/2 c. à thé) · sel
0,5 ml (1/8 c. à thé) · safran
125 ml (1/2 t) · pois verts
6 · cœurs d'artichaut

1. Chauffer le four à 180 °C (350 °F).
2. Dans un grand poêlon, faire chauffer l'huile à
   feu vif et y ajouter les morceaux de poulet. Cuire
   légèrement pour que le poulet prenne une couleur blanche, en tournant les morceaux avec des
   pinces. Déposer dans un grand plat allant au
   four et réserver.
3. Dans le poêlon ayant servi à la cuisson du poulet, faire sauter les lardons à feu vif, en remuant
   le poêlon, jusqu'à ce qu'ils soient croustillants.

Bien égoutter et ajouter au poulet.

4. Faire cuire, toujours dans le même poêlon, l'oignon, l'ail et le poivron rouge jusqu'à ce qu'ils soient tendres. Les ajouter au poulet.

5. Dans un bol, mélanger les tomates, le paprika, le bouillon de poulet, le riz, le sel et le safran. Ajouter ce mélange au poulet. Amener à ébullition, couvrir et faire cuire au four 45 minutes.

6. Retirer du four. Ajouter les pois verts et les cœurs d'artichaut. Bien mélanger et servir chaud.

Riz frit à la chinoise
6 portions

30 ml (2 c. à soupe) · huile d'arachide
180 ml (3/4 t) · poulet coupé en lanières
80 ml (1/3 t) · champignons coupés en tranches
1 l (4 t) · riz blanc cuit
30 ml (2 c. à table) · sauce soja
30 ml (2 c. à table) · oignons verts émincés
1 · œuf battu

1. Chauffer l'huile dans un grand poêlon ou dans un wok. Faire cuire le poulet de 3 à 4 minutes, ou jusqu'à ce qu'il soit cuit.

2. Ajouter les champignons, le riz, la sauce soja et les oignons verts. Cuire à feux doux pendant 10 minutes.

3. *Avant de servir, casser l'œuf sur le riz frit et mélanger immédiatement pour cuire l'œuf. Servir sans délai.*

Egg rolls
20 egg rolls

Pâte

500 ml (2 t)	farine tout usage
1	œuf battu
5 ml (1 c. à thé)	sel
125 ml (1/2 t)	eau glacée
15 ml (1 c. à s.)	eau glacée

Farce

1 l (4 t)	chou cru râpé
125 ml (1/2 t)	oignon coupé en dés
125 ml (1/2 t)	céleri coupé en dés
10 ml (2 c. à thé)	sel
250 ml (1 t)	poulet cuit, coupé en dés
15 ml (1 c. à s.)	sauce soja
15 ml (1 c. à s.)	huile d'arachide
2 ml (1/2 c. à thé)	poivre

1. Préparation de la pâte : dans un grand bol, mélanger la farine, l'œuf battu et le sel. Ajouter 125 ml (1/2 t) d'eau glacée (ajouter jusqu'à 15 ml (1 c. à soupe) d'eau glacée si la pâte est trop sèche). Pétrir la pâte pendant quelques minutes jusqu'à l'obtention d'une texture homogène. Envelopper la pâte de papier d'aluminium ou de papier parchemin et laisser reposer pendant 2 heures au réfrigérateur.

2. Après ce délai, sortir la pâte du réfrigérateur. Rouler la pâte aussi mince que possible, à environ 1,5 mm (1/16 po) d'épaisseur. Découper en carrés de 10 cm (4 po) de côté. Cette quantité de pâte devrait donner une vingtaine de carrés de pâte.

3. Dans un grand bol, mélanger le chou, l'oignon et le céleri. Parsemer de sel et mélanger de nouveau. Laisser reposer pendant 15 minutes. Verser les légumes dans une passoire et presser pour en retirer le maximum de liquide. Ajouter le poulet, la sauce soja, l'huile d'arachide et le poivre, et bien mélanger.

4. Montage des egg rolls : placer 30 ml (2 c. à soupe) de garniture au poulet et aux légumes au milieu de chaque carré de pâte. Badigeonner les côtés du carré de pâte avec de l'œuf battu. Plier en trois de manière que la farce soit couverte de deux épaisseurs de pâte. Presser délicatement sur les côtés du egg roll pour les sceller.

5. Faire frire quelques egg rolls à la fois dans 5 cm (2 po) d'huile au frour préchauffé à 180 °C (350 °F) jusqu'à ce qu'ils soient dorés. Servir les egg rolls chauds, avec du riz et de la sauce aux prunes.

Chop suey
4 portions

45 ml (3 c. à soupe) · beurre ou huile végétale
165 g (1/3 lb) · porc, bœuf ou veau haché
2 · branches de céleri coupées en tranches
    très fines
1 · oignon coupé en tranches très fines
500 g (1 lb) · fèves germées
20 ml (4 c. à thé) · sauce soja
250 ml (1 t) · eau ou bouillon de bœuf
2 ml (1/2 c. à thé) · sel
2 ml (1/2 c. à thé) · poivre

1. Faire fondre le beurre dans un grand poêlon.
   Ajouter la viande, le céleri et l'oignon et cuire
   jusqu'à ce que la viande soit brune.
2. Ajouter les fèves germées, la sauce soja, l'eau,
   le sel et le poivre et mélanger. Amener à ébullition, puis couvrir et laisser bouillir 10 minutes.

Poulet à l'orientale
4 portions

625 g (1 1/4 lb) · morceaux de poulet au choix
80 ml (1/3 t) · farine tout usage
10 ml (2 c. à thé) · huile végétale
125 ml (1/2 t) · sirop d'érable

30 ml (2 c. à soupe) • vinaigre de cidre
30 ml (2 c. à soupe) • sauce soja
30 ml (2 c. à soupe) • xérès sec
10 ml (2 c. à thé) • gingembre frais, râpé
2 • gousses d'ail hachées finement
2 ml (1/2 c. à thé) • poivre
2 • oignons verts (échalotes) hachés finement

1. Préchauffer le four à 160 °C (325 °F).
2. Rouler les morceaux de poulet dans la farine.
3. Dans un poêlon, chauffer l'huile à feu moyen et y faire revenir le poulet environ 5 minutes ou jusqu'à ce qu'il soit doré. Déposer dans un plat allant au four.
4. Dans un bol, mélanger le sirop d'érable, le vinaigre de cidre, la sauce soja, le xérès, le gingembre, l'ail et le poivre. Arroser le poulet de la sauce. Couvrir et cuire au four de 45 minutes à 1 heure. Ajouter les oignons verts avant de servir. Accompagner de riz et d'un légume vert.

Poulet sauce soja et miel
4 portions

2 (500 g/1 lb) • poitrines de poulet désossées, coupées en deux

Marinade

   30 ml (2 c. à soupe) · huile d'olive
   60 ml (1/4 t) · sauce soja
   60 ml (1/4 t) · miel
   60 ml (1/4 t) · vin blanc
   45 ml (3 c. à soupe) · jus de citron
   60 ml (1/4 t) · jus d'orange
   3 · gousses d'ail émincées
   sel et poivre

1. Dans un sac de plastique hermétique, mélanger le poulet en morceaux et tous les ingrédients de la marinade. Sceller le sac et agiter pour enrober uniformément les morceaux de poulet de la marinade. Réfrigérer pendant 4 heures.
2. Jeter la marinade et faire cuire le poulet au barbecue ou au poêlon. Accompagner de riz vapeur et de légumes.

Poulet aux noix de cajou
4 portions

   2 (500 g/1 lb) · poitrines de poulet désossées
   125 ml (1/2 t) · bouillon de poulet
   125 ml (1/2 t) · vin blanc
   2 ml (1/2 c. à thé) · gingembre frais, finement
      râpé
   30 ml (2 c. à soupe) · sauce soja

15 ml (1 c. à soupe) • fécule de maïs
15 ml (1 c. à soupe) • huile végétale
1 • gousse d'ail hachée
6 • oignons verts hachés
200 g (7 oz) • pois mange-tout
200 g (7 oz) • fèves germées
sel et poivre
125 ml (1/2 t) • noix de cajou en morceaux

1. Couper les poitrines de poulet en lanières.
2. Dans un bol, mélanger le bouillon de poulet, le vin, le gingembre, la sauce soja et la fécule de maïs.
3. Dans un wok, faire chauffer l'huile à feu vif, puis y faire sauter l'ail et les oignons verts. Ajouter le poulet et cuire en remuant jusqu'à ce qu'il ne soit plus de rose à l'intérieur. Ajouter les pois mange-tout et faire sauter quelques secondes ; ajouter les fèves germées et bien mélanger.
4. Verser le mélange de bouillon et de vin précédemment préparé dans le wok, puis saler et poivrer au goût ; laisser mijoter environ 2 minutes.
5. Incorporer les noix de cajou, réchauffer et servir.

Riz au poulet et au cari
6 portions

15 ml (1 c. à soupe) · huile d'olive
125 ml (1/2 t) · oignon finement haché
125 ml (1/2 t) · céleri finement haché
60 ml (1/4 t) · poivron vert finement haché
60 ml (1/4 t) · poivron rouge finement haché
250 ml (1 t) · riz blanc à grain long
1 ml (1/4 c. à thé) · sel
1 ml (1/4 c. à thé) · poivre
5 ml (1 c. à thé) · cari en poudre
30 ml (2 c. à soupe) · sauce soja
625 ml (2 1/2 t) · bouillon de poulet
125 ml (1/2 t) · tomates concassées
15 ml (1 c. à soupe) · huile d'olive
250 g (1/2 lb) · poitrine de poulet coupée
    en cubes
125 ml (1/2 t) · champignons blancs coupés
    en quartiers

1. Dans une casserole, faire chauffer 15 ml (1 c. à soupe) d'huile. Faire cuire l'oignon, le céleri, le poivron vert et le poivron rouge à couvert et à feu doux pendant 3 minutes. Ajouter le riz et bien mélanger. Ajouter le sel, le poivre, la poudre de cari et la sauce soja. Mélanger de nouveau. Verser le bouillon de poulet et les tomates. Faire mijoter à couvert pendant environ 10 minutes.

2. Dans un poêlon, faire chauffer 15 ml (1 c. à soupe) d'huile. Faire cuire les cubes de poulet à feu vif en remuant avec une cuillère en bois. Ajouter les champignons et faire revenir pendant 1 minute. Verser le poulet et les champignons sur le riz. Couvrir de nouveau et laisser mijoter pendant 10 minutes. Mélanger au moment de servir.

Poulet et nouilles au sésame et au gingembre
4 portions

Marinade

- 4 · poitrines de poulet, la peau enlevée, coupées en lanières
- 60 ml (1/4 t) · huile de sésame
- 10 ml (2 c. à thé) · gingembre
- 30 ml (2 c. à soupe) · huile
- 250 ml (1 t) · carottes coupées en juliennes
- 250 ml (1 t) · pois mange-tout
- 1 · poivron rouge coupé en fines lanières
- 4 · oignons verts hachés finement
- 142 g (5 oz) · spaghettinis cuits et égouttés
- 10 ml (2 c. à thé) · graines de sésame grillées

1. Dans un sac en plastique hermétique, déposer le poulet, l'huile de sésame et le gingembre.
2. Bien agiter le contenu du sac pour enrober tous les morceaux de poulet.

3. Laisser reposer 30 minutes au réfrigérateur.
4. Dans un grand poêlon à surface antiadhésive ou dans un wok, faire revenir le poulet dans l'huile jusqu'à ce qu'il soit cuit.
5. Retirer du poêlon et réserver.
6. Ajouter 15 ml (1 c. à soupe) d'huile dans le poêlon et faire revenir les carottes, les pois mangetout, le poivron rouge et les oignons verts de 4 à 5 minutes.
7. Ajouter les spaghettinis et le poulet et bien mélanger jusqu'à ce que le tout soit chaud.
8. Au moment de servir, parsemer de graines de sésame grillées.

Pâté de foie de poulet
Environ 250 g (½ lb)

250 g (1/2 lb) · foies de poulet
1 · œuf dur, finement haché
2 · oignons verts finement hachés
2 ml (1/2 c. à thé) · basilic frais, finement haché
30 ml (2 c. à soupe) · mayonnaise
1 ml (1/4 c. à thé) · sel
1 ml (1/4 c. à thé) · poivre

1. Faire cuire les foies de poulet dans de l'eau bouillante environ 5 minutes.

2. Au robot culinaire, au mélangeur ou avec un malaxeur, mélanger les foies de poulet, l'œuf dur, les oignons verts, le basilic, la mayonnaise, le sel et le poivre.

3. Verser dans une terrine et conserver au froid.

125 ml (1/2 t)	huile d'olive
3	poitrines de poulet coupées en 8 morceaux égaux
2	gousses d'ail émincées
80 ml (1/3 t)	oignon finement haché
1	poivron vert coupé en juliennes
10 ml (2 c. à thé)	paprika
2 ml (1 c. à thé)	poivre
1 l (4 t)	bouillon de poulet
1 ml (1/4 c. à thé)	safran
500 ml (2 t)	riz à grain long ou arborio
1 (750 g/1 ½ lb)	paquet de pois verts surgelés
2	grosses tomates, pelées et hachées
500 g (1 lb)	crevettes crues, décortiquées
1 boîte (120 g)	chair de crabe
16	palourdes ou moules fraîches, dans leur coquille, nettoyées et brossées
	persil haché
2	quartiers de citron

Paella
8 portions

1. Utiliser deux poêlons de taille moyenne pour la préparation de la paella, ou un très grand poêlon.

2. Chauffer le four à 190 °C (375 °F).

3. Dans chaque poêlon, chauffer 60 ml (1/4 t) d'huile d'olive. Faire revenir la moitié des morceaux de poulet dans chaque poêlon jusqu'à ce qu'ils soient bien dorés. Séparer également entre les deux poêlons l'ail, l'oignon, le poivron vert, le paprika et le poivre. Bien mélanger et continuer la cuisson pendant 3 minutes. Retirer du feu.

4. Dans une casserole, faire chauffer le bouillon de poulet jusqu'à ébullition. Ajouter le safran et le laisser infuser pendant quelques minutes.

5. Dans chaque poêlon, ajouter la moitié du riz, des pois verts et des tomates. Ajouter la moitié du bouillon dans chaque poêlon. Faire cuire à découvert à feu doux pendant 10 minutes sans brasser.

6. Après ce délai, ajouter les crevettes en s'assurant de les couvrir de liquide. Faire mijoter à feu doux et à couvert de 10 à 15 minutes, ou jusqu'à ce que le riz, le poulet et les crevettes soient cuits. Brasser la paella à la fourchette. Faire cuire au four, à découvert, pendant 15 minutes. Ajouter la chair de crabe et mélanger.

7. Pendant ce temps, faire cuire les palourdes à la vapeur : dans une grande casserole contenant de l'eau bouillante, déposer une passoire sans qu'elle touche l'eau, y disposer les moules et couvrir hermétiquement. Faire cuire ainsi pendant une dizaine de minutes jusqu'à ce que les coquilles des palourdes soient ouvertes ; jeter celles dont la coquille ne s'ouvre pas.

8. Au moment de servir, parsemer la paella de persil, décorer de moules et de quartiers de citron.

Poulet à l'orange
8 portions

2,5 kg (5 lb) · cuisses ou poitrines de poulet
80 ml (1/3 t) · huile d'olive
5 ml (1 c. thé) · sel
15 ml (1 c. à soupe) · fécule de maïs
0,5 ml (1/8 c. à thé) · piment de la Jamaïque
    moulu
0,5 ml (1/8 c. à thé) · cannelle moulue
0,5 ml (1/8 c. à thé) · moutarde en poudre
60 ml (1/4 t) · jus d'orange
1 boîte (680 ml/24 oz) · sauce tomate
    avec champignons
250 ml (1 t) · ananas en conserve râpé
15 ml (1 c. à soupe) · rhum blanc

1. Dans un poêlon, faire dorer le poulet dans l'huile d'olive jusqu'à ce qu'il soit cuit.
2. Pendant ce temps, dans un bol, mélanger le sel, la fécule de maïs, le piment de la Jamaïque, la cannelle et la moutarde en poudre. Ajouter les épices au jus d'orange et bien mélanger. Ajouter à ce mélange la sauce tomate, les ananas et le rhum.
3. Verser sur le poulet dans le poêlon. Couvrir et laisser mijoter pendant environ 40 minutes à feu doux. Servir chaud avec du riz blanc.

Poulet du général Tao
4 portions

Poulet			Sauce		
500 g (1 lb)	poitrines de poulet désossées, coupées en cubes		10 ml (2 c. à thé)	huile de sésame	
			15 m (1 c. à soupe)	gingembre frais, râpé	
			60 ml (1/4 t)	oignons verts hachés	
30 ml (2 c. à soupe)	fécule de maïs		60 ml (1/4 t)	eau	
1	œuf battu		30 ml (2 c. à soupe)	vinaigre	
45 ml (3 c. à soupe)	farine tout usage		60 ml (1/4 t)	sucre	
2 ml (1/2 c. à thé)	poudre à pâte		15 ml (1 c. à soupe)	fécule de maïs	
2 ml (1/2 c. à thé)	sel		15 ml (1 c. à soupe)	sauce soja	
60 ml (1/4 t)	huile végétale		30 ml (2 c. à soupe)	sauce aux huîtres	
			30 ml (2 c. à soupe)	ketchup	

1. Enrober les cubes de poulet de fécule de maïs. Dans un bol, mélanger l'œuf, la farine, la poudre à pâte et le sel. Ajouter le poulet et bien enrober.

2. Dans un poêlon, chauffer l'huile à feu vif. Ajouter le poulet et cuire pendant environ 10 minutes en remuant souvent ou jusqu'à ce que le poulet soit doré à l'extérieur et qu'il ait perdu sa teinte rosée à l'intérieur. Retirer du poêlon et garder au chaud.

3. Dans le même poêlon, ajouter l'huile de sésame, le gingembre et les oignons verts. Cuire à feu moyen-vif pendant 3 minutes ou jusqu'à ce que les oignons verts soient tendres. Ajouter l'eau, le vinaigre et le sucre. Laisser mijoter jusqu'à ce que le sucre soit complètement dissous.

4. Dans un petit bol, délayer la fécule de maïs dans la sauce soja. Ajouter le mélange de sauce soja, la sauce aux huîtres et le ketchup dans le poêlon. Laisser mijoter pendant environ 2 minutes ou jusqu'à ce que la sauce épaississe. Remettre le poulet dans la sauce et mélanger pour réchauffer.

5. Servir chaud, accompagné de riz basmati ou de riz frit.

Brochettes de poulet
4 portions

1 kg (2 lb)	cubes de poulet

Marinade

180 ml (3/4 t)	huile d'olive
125 ml (1/2 t)	vinaigre ou jus de citron
60 ml (1/4 t)	oignons hachés
1	gousse d'ail écrasée
5 ml (1 c. à thé)	sel
1 ml (1/4 c. à thé)	poivre
2 ml (1/2 c. à thé)	moutarde en poudre
2 ml (1/2 c. à thé)	paprika
1 ml (1/4 c. à thé)	sauge séchée
1 ml (1/4 c. à thé)	sarriette séchée
1 ml (1/4 c. à thé)	thym séché

1. Dans un grand bol, mélanger tous les ingrédients de la marinade. Ajouter les cubes de poulet et bien les enrober. Laisser reposer pendant au moins 1 heure (jusqu'à 1 nuit) au réfrigérateur en remuant occasionnellement.
2. Piquer les cubes de poulet sur des brochettes, en alternant avec des légumes au choix (oignons, poivrons, tomates, etc.) et cuire sur le gril jusqu'à ce que le poulet ait perdu sa teinte rosée à l'intérieur. Servir avec du riz.

Salade de pâtes au poulet
4 à 6 portions

500 ml (2 t) · macaronis cuits selon les indications du fabricant, rincés à l'eau froide

500 ml (2 t) · poulet cuit, coupé en cubes

250 ml (1 t) · céleri haché

2 · cornichons sucrés hachés

30 ml (2 c. à soupe) · oignons verts hachés

15 ml (1 c. à soupe) · poivron haché

80 ml (1/3 t) · mayonnaise

jus de 1 citron

0,5 ml (1/8 c. à thé) · moutarde en poudre

quelques gouttes · sauce Tabasco
sel et poivre

1. Dans un saladier, mélanger les macaronis avec
   tous les ingrédients. Saler et poivrer au goût.
   Servir avec des quartiers de tomate.

Pâtés à la dinde et aux pommes
6 pâtés individuels

1 · grande abaisse ou
6 · abaisses individuelles
60 ml (1/4 t) · oignon haché
30 ml (2 c. à soupe) · beurre
500 ml (2 t) · béchamel
500 ml (2 t) · dinde cuite ou poulet cuit
500 ml (2 t) · pommes non pelées, évidées
    et coupées en cubes
80 ml (1/3 t) · raisins secs
1 ml (1/4 c. à thé) · muscade

1. Chauffer le four à 220 °C (425 °F).
2. Faire revenir l'oignon dans le beurre jusqu'à ce
   qu'il soit tendre. Ajouter à l'oignon la béchamel,
   la dinde, les pommes et les raisins secs. Verser le
   mélange dans des plats allant au four ; plusieurs
   petits ou un grand.

3. Presser les abaisses dans un grand plat ou plusieurs petits plats et, à l'aide d'une fourchette, appuyer sur les bords des plats pour fixer la pâte. Faire quelques entailles sur le dessus des pâtés. Cuire au four pendant 30 minutes ou jusqu'à ce que la pâte soit dorée.

Salade de dinde
4 portions

15 ml (1 c. à soupe) · huile d'olive
2 ml (1/2 c. à thé) · curcuma moulu
45 ml (3 c. à soupe) · vin blanc
45 ml (3 c. à soupe) · raisins de Corinthe
500 ml (2 t) · dinde cuite, coupée en cubes
125 ml (1/2 t) · céleri coupé en dés
30 ml (2 c. à soupe) · mayonnaise
zeste de 1 citron
sel et poivre

1. Dans un grand poêlon, chauffer l'huile d'olive. Ajouter le curcuma et remuer 30 secondes. Ajouter le vin blanc et chauffer à feu moyen 3 minutes. Retirer du feu et laisser tiédir.
2. Mélanger les raisins de Corinthe, la dinde et le céleri dans un grand bol. Verser le mélange de vin et de curcuma sur le mélange de dinde. Bien mélanger. Couvrir et réfrigérer de 12 à 24 heures.

3. *Avant de servir, mélanger la mayonnaise, le zeste de citron, du sel et du poivre. Ajouter la mayonnaise au mélange de dinde.*
4. *Servir froid avec de la laitue, ou sur des biscottes.*

Oie farcie aux pommes et aux pruneaux

8 portions

1 (environ 5 kg/10 lb)	oie
2	œufs
4	pommes pelées, coupées en dés
750 ml (3 t)	pain coupé en dés
125 ml (1/2 t)	raisins secs
	sel et poivre
1 pincée	cannelle
250 ml (1 t)	pruneaux dénoyautés
4	pommes coupées en deux
4	pruneaux dénoyautés
30 ml (2 c. à soupe)	beurre fondu

1. Chauffer le four à 260 °C (500 °F).
2. Nettoyer l'oie. Réserver.
3. Dans un bol, battre les œufs et les mélanger avec les pommes, le pain, les raisins secs, du sel, du poivre, la cannelle et 250 ml (1 t) de pruneaux. Farcir l'oie de ce mélange.
4. Ficeler l'oie de façon à maintenir les pattes et les ailes le long du corps, puis la déposer dans une rôtissoire. Cuire au four à découvert pendant environ 5 minutes, puis réduire la chaleur à 160 °C (325 °F) et poursuivre la cuisson pendant 3 heures 20 minutes.
5. Pendant ce temps, farcir les pommes coupées en deux d'un pruneau chacune, les reformer en plaçant ensemble les deux moitiés. Arroser les pommes de beurre fondu et les faire cuire au four à 160 °C (325 °F) pendant environ 20 minutes.
6. Servir l'oie avec les pommes farcies en accompagnement.

Tourtière traditionnelle de Yolande
1 tourtière

2 • oignons coupés en cubes
1 • gousse d'ail
15 ml (1 c. à soupe) • huile végétale
1 kg (2 lb) • porc haché
250 g (1/2 lb) • bœuf haché mi-maigre
sel et poivre
125 ml (1/2 t) • eau
1 ml (1/4 c. à thé) • cannelle
1 ml (1/4 c. à thé) • clou de girofle moulu
2 • abaisses de tarte

1. Chauffer le four à 220 °C (425 °F).
2. Dans une casserole, faire revenir les oignons et
   l'ail dans l'huile. Ajouter le porc et le bœuf, saler
   et poivrer au goût et faire cuire jusqu'à ce que la
   viande soit brune. Ajouter l'eau, la cannelle et
   le clou de girofle et mélanger. Faire cuire à feu
   doux pendant 30 minutes.
3. Mettre le mélange dans une abaisse de tarte
   non cuite. Couvrir de l'autre abaisse et faire de
   petites incisions sur le dessus. Cuire au four pendant 15 minutes ; baisser ensuite la température
   à 180 °C (350 °F) et cuire de 10 à 15 minutes,
   jusqu'à ce que la pâte prenne une couleur dorée.
   Servir chaud.

Tourtière du lac Saint-Jean
8 à 10 portions

500 ml (2 t) · cubes de lapin ou de lièvre
    (facultatif)
500 g (1 lb) · bœuf haché
500 g (1 lb) · porc haché
500 g (1 lb) · veau haché
125 g (1/4 lb) · lard salé, grossièrement haché
2 · petits oignons, coupés en rondelles
2 · branches de céleri hachées
5 ml (1 c. à thé) · sarriette
5 ml (1 c. à thé) · cannelle
1 ml (1/4 c. à thé) · clou de girofle moulu
2 · abaisses de pâte brisée de 1/2 cm (1/4 po)
    d'épaisseur
4 · pommes de terre pelées, coupées en gros dés
sel et poivre
eau

1. Chauffer le four à 190 °C (375 °F).
2. Dans un grand bol, mélanger les cubes de lapin,
si désiré, le bœuf, le porc, le veau, le lard, les
oignons, le céleri, la sarriette, la cannelle et le
clou de girofle.
3. Garnir le fond d'une grande casserole allant
au four ou d'un plat à rôtir d'une première
abaisse de pâte. Déposer la moitié du mélange de
viande dans cette abaisse, couvrir de la moitié
des pommes de terre, assaisonner de sel et de

poivre, au goût. Répéter une autre fois avec la seconde moitié du mélange de viande et des pommes de terre, couvrir d'eau, assaisonner de nouveau, puis couvrir de la dernière abaisse de pâte. Sceller les bords et faire quelques incisions sur le dessus.

4. Faire cuire au four pendant 40 minutes, baisser la chaleur du four à 140 °C (275 °F) et cuire pendant encore 2 heures.

Fondue chinoise et ses sauces

Bouillon

2 boîtes (284 ml/10 oz chacune) · bouillon de
    bœuf du commerce
1 · oignon haché
3 · gousses d'ail hachées
2 · feuilles de laurier
1 (42 g) · sachet de soupe à l'oignon
15 ml (1 c. à soupe) · sauce Worcestershire
500 ml (2 t) · eau
250 ml (1 t) · vin rouge
sel et poivre
quelques gouttes de sauce Tabasco

1. Mettre tous les ingrédients dans une casserole, amener à ébullition et laisser mijoter à feu doux de 2 à 3 heures. Verser dans un caquelon à fondue.

Viandes et fruits de mer (prévoir en tout 170 g à
175 g (6 z) de viande et fruits de mer par personne)
Poulet à fondue ou en cubes
Bœuf à fondue ou en cubes
Veau à fondue ou en cubes
Viande chevaline à fondue ou en cubes
Crevettes crues

Légumes (les faire blanchir avant)
Brocoli
Chou-fleur
Champignons

On peut aussi préparer des balluchons prêts
à faire cuire dans le bouillon : dans une tranche
de viande à fondue, disposer un cube de
fromage (mozzarella, cheddar, suisse, etc.) et
des légumes blanchis et refermer avec un cure-
dent, qu'on enlèvera pour le remplacer par la
fourchette à fondue au moment de manger.

Sauces à fondue

Sauce au beurre à l'ail
90 ml (6 c. à soupe) · beurre fondu
2 · gousses d'ail
30 ml (2 c. à soupe) · persil
sel et poivre

1. Mélanger tous les ingrédients jusqu'à l'obtention d'une sauce homogène.

Sauce au chili
160 ml (2/3 t) · mayonnaise
60 ml (4 c. à soupe) · sauce chili
1 · oignon vert haché finement
1 · gousse d'ail hachée finement
1 · poivron vert haché finement
sel et poivre

1. Mélanger tous les ingrédients jusqu'à l'obtention d'une sauce homogène.

Sauce à la moutarde et aux câpres
125 ml (1/2 t) · mayonnaise
2 ml (1/2 c. à thé) · moutarde de Dijon
15 ml (1 c. à soupe) · câpres

1. Mélanger tous les ingrédients jusqu'à l'obtention d'une sauce homogène.

Sauce à l'oignon
500 ml (2 t) · crème sure
1 (42 g) · sachet de soupe à l'oignon

1. Mélanger tous les ingrédients jusqu'à l'obtention d'une sauce homogène.

78

Poissons et fruits de mer

Crevettes en dés aux amandes
4 portions

30 ml (2 c. à soupe) · huile arachide
sel
60 ml (1/4 t) · oignon coupé en dés
60 ml (1/4 t) · céleri coupé en dés
250 g (1/2 lb) · grosses crevettes coupées en dés
60 ml (1/4 t) · champignons chinois ou de Paris
    coupés en dés
125 ml (1/2 t) · petits pois frais ou surgelés
30 ml (2 c. à soupe) · sauce soja
125 ml (1/2 t) · eau
15 ml (1 c. à soupe) · fécule de maïs diluée dans
    un peu d'eau
125 ml à 180 ml (1/2 t à 3/4 t) · amandes rôties
    en morceaux

1. Dans un grand poêlon, chauffer l'huile, parse-
    mer d'une pincée de sel et faire revenir l'oignon
    et le céleri à feu vif, en remuant constamment,
    pendant 1 minute. Ajouter les crevettes et cuire,
    en remuant constamment, pendant 1 minute.
    Retirer du poêlon et réserver au chaud.
2. Mettre les champignons et les petits pois dans le
    poêlon et cuire, à feu vif, en remuant constam-
    ment, pendant 1 minute. Ajouter la sauce soja,
    une pincée de sel et l'eau et cuire 2 minutes.

3. Ajouter la fécule de maïs au jus de cuisson dans le poêlon. Remettre les crevettes et les légumes et les réchauffer rapidement, en remuant. Ajouter les amandes. Remuer de nouveau. Retirer du feu et servir.

Riz aux crevettes
4 portions

500 ml (2 t) · riz cuit selon les indications
    du fabricant
15 ml (1 c. à soupe) · huile d'olive
1 · poireau coupé en tranches fines ou
2 · échalotes coupées en tranches
4 · gousses d'ail hachées
2 · branches de céleri coupées en tranches fines
1 · poivron rouge coupé en dés
6 · champignons coupés en tranches
500 g (1 lb) · grosses crevettes, cuites, décortiquées
    et la queue enlevée
5 ml (1 c. à thé) · cari
15 ml (1 c. à soupe) · bouillon de poulet
    concentré
30 ml (2 c. à soupe) · sauce soja (facultatif)
sel et poivre

1. Pendant que le riz cuit, dans un grand wok, chauffer l'huile d'olive et y faire sauter le

poireau, l'ail, le céleri, le poivron et les champignons jusqu'à ce qu'ils soient tendres. Ajouter les crevettes environ 3 minutes avant la fin de la cuisson.

2. Lorsque le riz est cuit, y ajouter le cari, le bouillon de poulet, la sauce soja, si désiré, du sel et du poivre au goût et mélanger. Verser le riz dans le wok et mélanger avec les légumes et les crevettes. Remuer jusqu'à ce que le tout soit bien chaud et servir.

Sauté de crevettes et de légumes teriyaki
4 portions

15 ml (1 c. à soupe) · huile végétale
3 · branches de céleri coupées en tranches
1 · poivron rouge coupé en lanières
1 · petite courgette coupée en rondelles
500 g (1 lb) · crevettes fraîches ou surgelées, rincées et égouttées
2 · gousses d'ail coupées en tranches fines
10 ml (2 c. à thé) · gingembre frais, râpé
45 ml (3 c. à soupe) · sauce teriyaki
2 · oignons verts hachés
5 ml (1 c. à thé) · huile de sésame

1. Dans un poêlon, chauffer l'huile végétale et faire revenir le céleri, le poivron et la courgette à feu

moyen-vif de 2 à 3 minutes ou jusqu'à ce que le poivron ramollisse. Ajouter les crevettes, l'ail et le gingembre et faire cuire pendant 3 minutes ou jusqu'à ce que les crevettes soient opaques.

2. Ajouter la sauce teriyaki et les oignons verts. Mélanger et chauffer de 2 à 3 minutes ou jusqu'à ce que les oignons verts soient tendres. Arroser d'huile de sésame et servir chaud, accompagné de riz.

Salade de riz et de crevettes, sauce russe
4 portions

Salade
500 ml (2 t) · riz cuit selon les instructions du fabricant
125 ml (1/2 t) · mayonnaise
1 ou 2 boîtes (106 g) · crevettes coupées en deux
125 ml (1/2 t) · céleri haché finement
sel et poivre
persil

Sauce russe
7 ml (1/2 c. à soupe) · jus de citron
30 ml (2 c. à soupe) · sauce chili
125 ml (1/2 t) · mayonnaise
15 ml (1 c. à soupe) · sauce Worcestershire

Garniture
Feuilles de laitue
Crevettes entières
Quartiers de citron
Persil frais

1. Dans un grand bol, mélanger le riz, la mayonnaise, les crevettes (en réserver quelques-unes pour la garniture), le céleri, du sel, du poivre et du persil. Faire refroidir au réfrigérateur. Pendant ce temps, préparer la sauce russe.
2. Dans un bol, bien mélanger le jus de citron, la sauce chili, la mayonnaise et la sauce Worcestershire. Faire refroidir au réfrigérateur.
3. Pour servir, placer de grandes feuilles de laitue dans un plat. Déposer la salade de riz sur la laitue après avoir placé un petit plat rempli de sauce russe au centre de la salade. Garnir de crevettes entières, de quartiers de citron et de persil frais.

Carrés au parmesan et aux fruits de mer
4 portions

125 ml (1/2 t) · beurre
60 ml (1/4 t) · farine
105 ml (7 c. à soupe) · fécule de maïs
500 ml (2 t) · lait

2 · jaunes d'œuf
80 ml (1/3 t) · crevettes nordiques cuites
80 ml (1/3 t) · chair de crabe
250 ml (1 t) · fromage parmesan râpé
1 ml (1/4 c. à thé) · sel
1 ml (1/4 c. à thé) · poivre
2 · blancs d'œuf
250 ml (1 t) · chapelure

1. Faire fondre le beurre au bain-marie à feu moyen. Ajouter la farine et la fécule de maïs. Bien mélanger avec un fouet. Ajouter le lait et mélanger de nouveau. Faire cuire pendant 3 minutes en remuant constamment. Ajouter un à un les jaunes d'œuf, bien mélanger et retirer du feu.
2. Ajouter au mélange les crevettes cuites, la chair de crabe, le parmesan râpé, le sel et poivre. Bien mélanger.
3. Verser le mélange dans un moule garni de papier parchemin ou d'une pellicule de plastique. Réfrigérer pendant au moins 2 heures.
4. Chauffer le four à 180 °C (350 °F).
5. Après ce délai, démouler le mélange. Couper des carrés de même taille. Réserver.
6. Dans un bol, battre les blancs d'œuf. Mettre la chapelure dans une assiette. Passer chaque carré aux fruits de mer dans le blanc d'œuf puis dans la chapelure et les déposer sur une plaque garnie de papier parchemin ou d'un tapis de silicone.

7. Cuire au four pendant 15 minutes. Servir accompagné d'une salade.

Filets de sole farcis
8 portions

> 1 kg (2 lb) · filets de sole frais ou surgelés
> 125 ml (1/2 t) · concombre râpé et égoutté
> 310 ml (1 1/4 t) · chapelure
> 2 ml (1/2 c. à thé) · sauce Worcestershire
> un peu de lait
> 15 ml (1 c. à soupe) · farine
> 750 ml (3 t) · oignons émincés
> 60 ml (1/4 t) · beurre
> sel et poivre
> 2 ml (1/2 c. à thé) · aneth (facultatif)
> 500 ml (2 t) · béchamel
> 45 ml (3 c. à soupe) · fromage parmesan
> persil et paprika

1. Chauffer le four à 200 °C (400 °F).
2. Passer les filets de sole à l'eau froide et les essuyer parfaitement. Réserver.
3. Mélanger le concombre, la chapelure et la sauce Worcestershire. Humecter d'un peu de lait.
   Déposer 15 ml (1 c. à soupe) de cette farce au centre de chaque filet. Rouler et attacher avec un cure-dent. Saupoudrer de farine.

4. Faire dorer les oignons dans le beurre. Saler et poivrer. Ajouter l'aneth, si désiré. Verser dans un plat de 20 cm x 30 cm (8 po x 12 po) allant au four. Déposer les filets de sole roulés sur les oignons. Badigeonner de beurre fondu.

5. Cuire au four pendant 15 minutes. Enlever les cure-dents et napper de béchamel. Parsemer de parmesan et faire cuire au four pendant 5 minutes, puis faire dorer légèrement le fromage sous le gril. Servir décoré de persil et de paprika.

Darnes de saumon à l'érable*
4 portions

1 · petit oignon, coupé finement en lamelles
30 ml (2 c. à soupe) · beurre
125 ml (1/2 t) · sirop d'érable
125 ml (1/2 t) · eau
4 (150-200 g/7 oz chacune) · darnes de saumon frais
sel et poivre

1. Dans un grand poêlon, faire revenir l'oignon dans le beurre, à feu moyen-vif, jusqu'à ce qu'il soit légèrement doré.

2. Ajouter le sirop d'érable et l'eau, puis porter à ébullition. Réduire le feu à doux.

3. Déposer les darnes de saumon dans le poêlon et laisser cuire pendant environ 6 minutes. Retourner à la mi-cuisson. Retirer les darnes du poêlon et réserver au chaud.
4. Faire réduire le liquide restant pendant quelques minutes à feu vif jusqu'à l'obtention d'une laque. Saler et poivrer au goût.
5. Couvrir les darnes de saumon de laque et servir.

* On peut accompagner les darnes de céleri-rave.

TARTARE DE SAUMON

2 PORTIONS

150 g (5 oz)	saumon frais
15 ml (1 c. à soupe)	persil frais, haché
15 ml (1 c. à soupe)	câpres
15 ml (1 c. à soupe)	oignon rouge haché
15 ml (1 c. à soupe)	jus de citron
15 ml (1 c. à soupe)	menthe fraîche, hachée
15 ml (1 c. à soupe)	coriandre
2 ml (1/2 c. à thé)	moutarde de Dijon
5 ml (1 c. à thé)	huile végétale

1. Couper le saumon en petits cubes.
2. Dans un bol, bien mélanger tous les ingrédients, sauf le jus de citron. Ajouter les cubes de saumon et bien enrober. Laisser reposer 4 heures au réfrigérateur.
3. Ajouter le jus de citron au mélange, laisser reposer 5 minutes, puis servir.

Pain de saumon
8 portions

200 g (7 oz) · nouilles aux œufs
15 ml (1 c. à soupe) · huile d'olive
1 boîte (418 g) · saumon égoutté
125 ml (1/2 t) · lait
2 · œufs légèrement battus
125 ml (1/2 t) · chapelure
2 ml (1/2 c. à thé) · oignon haché
1 ml (1/4 c. à thé) · sel
5 ml (1 c. à thé) · jus de citron
15 ml (1 c. à soupe) · persil frais, haché
1 · œuf légèrement battu
180 ml (3/4 t) · fromage cheddar râpé
0,5 ml (1/8 c. à thé) · sel

1. Chauffer le four à 190 °C (375 °F).
2. Cuire les nouilles selon le mode d'emploi du fabricant. Égoutter, rincer et garder au chaud. Mettre un filet d'huile sur les nouilles et bien mélanger pour éviter qu'elles ne collent.
3. Dans un bol, émietter le saumon à la fourchette; s'assurer de retirer la peau et les arêtes s'il y en a. Ajouter le lait, 2 œufs battus, la chapelure, l'oignon, 1 ml (1/4 c. à thé) de sel, le jus de citron et le persil. Bien mélanger.
4. Mettre les nouilles cuites dans un grand bol et y ajouter 1 œuf battu, le fromage et 0,5 ml (1/8 c. à thé) de sel. Bien mélanger.

5. Remplir le fond d'un moule beurré ou garni de papier parchemin ou d'un moule en silicone avec la moitié du mélange de saumon. Ajouter par-dessus les nouilles aux œufs. Ajouter ensuite le reste du mélange de saumon. Cuire au four de 35 à 40 minutes. Laisser tiédir avant de démouler. On peut servir le pain de saumon chaud ou tiède.

Sauté de pétoncles et de légumes
4 portions

30 ml (2 c. à soupe) · jus d'orange
30 ml (2 c. à soupe) · sauce soja
15 ml (1 c. à soupe) · vinaigre de riz ou de vin blanc
5 ml (1 c. à thé) · huile de sésame
30 ml (2 c. à soupe) · huile végétale
375 g (12 oz) · petits pétoncles frais ou décongelés, rincés et épongés*
250 ml (1 t) · pois mange-tout coupés en deux
1 · poivron rouge coupé en lamelles
125 ml (1/2 t) · oignons verts coupés en tranches
1/2 boîte (540 ml/19 oz) · épis de maïs miniatures, égouttés et rincés
500 ml (2 t) · chou chinois nappa coupé en fines lamelles
500 ml (2 t) · épinards frais, déchiquetés

1. Dans un bol, mélanger le jus d'orange, la sauce soja, le vinaigre et l'huile de sésame. Réserver.
2. Dans un poêlon, chauffer 15 ml (1 c. à soupe) d'huile végétale à feu moyen-vif. Ajouter les pétoncles et cuire en brassant pendant environ 2 minutes ou jusqu'à ce qu'ils soient opaques. Retirer du feu et garder au chaud.
3. Dans le même poêlon, ajouter le reste de l'huile végétale, les pois mange-tout, le poivron et les oignons verts et cuire, en brassant, de 2 à 3 minutes ou jusqu'à ce que les légumes soient tendres, mais croquants. Incorporer les pétoncles, les épis de maïs et le mélange de jus d'orange et cuire, en brassant, pendant 1 minute ou jusqu'à ce que la préparation soit chaude. Retirer du feu.
4. Dans un bol, mélanger le chou chinois et les épinards. Ajouter la préparation aux pétoncles et mélanger pour bien enrober tous les ingrédients. Servir chaud.

* On peut remplacer les pétoncles par des crevettes.

Omelette au poivron rouge et au crabe
4 à 6 portions

15 ml (1 c. à soupe) • beurre
1 • gousse d'ail hachée finement
5 ml (1 c. à thé) • vinaigre balsamique

2 · poivrons rouges coupés en dés
8 à 12 · oeufs battus
200 ml (13 c. à soupe) · yogourt nature
1 pincée · cari
sel et poivre
1 boîte (120 g) · chair de crabe*
persil, ou coriandre, frais, haché (facultatif)

1. Dans un poêlon, faire fondre le beurre et y faire
   revenir l'ail pendant 1 minute. Ajouter le
   vinaigre balsamique et les poivrons. Faire cuire
   jusqu'à ce que l'ail caramélise légèrement.
   Retirer du feu et réserver.
2. Dans un bol, mélanger les œufs et le yogourt.
   Ajouter le cari, saler et poivrer au goût et
   mélanger. Ajouter ensuite le crabe et la préparation aux poivrons et mélanger de nouveau.
3. Verser la préparation d'œufs dans le poêlon,
   couvrir et cuire à feu doux environ 5 minutes.
   Servir chaud garni de persil, si désiré.

* On peut remplacer le crabe par des petites
  crevettes cuites.

Quiche au saumon fumé
1 quiche

250 ml (1 t)	farine
2 ml (1/2 c. à thé)	sel
90 ml (6 c. à soupe)	graisse végétale
30 ml (2 c. à soupe)	eau
250 ml (1 t)	saumon fumé coupé en lamelles
125 ml (1/2 t)	fromage suisse râpé
4	œufs
125 ml (1/2 t)	jus de palourde
375 ml (1 1/2 t)	crème 35 %
15 ml (1 c. à soupe)	persil frais, haché
8	olives noires coupées en tranches

1. Tamiser la farine et le sel.
2. Ajouter la graisse végétale et bien mélanger. Ajouter l'eau et mélanger de nouveau de manière à former une pâte.
3. Ramasser la pâte en boule et abaisser sur un plan de travail fariné.
4. Déposer la pâte dans une assiette à tarte.
5. Déposer le saumon fumé et la moitié du fromage dans l'abaisse. Conserver quelques lamelles de saumon fumé pour garnir.
6. Battre les œufs et y ajouter le jus de palourde, la crème et le persil.
7. Verser ce mélange dans l'abaisse.
8. Parsemer de l'autre moitié du fromage.
9. Au moment de servir, garnir de quelques lamelles de saumon fumé et d'olives noires.

Truites farcies au four
6 à 8 portions

90 ml (6 c. à soupe) · beurre
125 ml (1/2 t) · céleri haché finement
20 ml (4 c. à thé) · oignon vert haché finement
125 ml (1/2 t) · champignons coupés en
   tranches
1 l (4 t) · pain coupé en morceaux
30 ml (2 c. à soupe) · jus de citron
2 ml (1/2 c. à thé) · sel
1 pincée · poivre
6 à 8 · truites entières de grosseur moyenne
sel
60 ml (4 c. à soupe) · huile végétale

1. Chauffer le four à 230 °C (450 °F).
2. Dans un poêlon, faire fondre le beurre et y faire
   revenir le céleri et l'oignon vert jusqu'à ce qu'ils
   deviennent translucides. Ajouter les champignons et cuire environ 3 minutes, jusqu'à ce
   qu'ils ramollissent légèrement. Ajouter le pain,
   le jus de citron, le sel et le poivre et
   mélanger. Si la farce est trop sèche, ajouter un
   peu d'eau.
3. Farcir les truites, saler l'intérieur, puis tasser et
   ficeler. Déposer sur une lèchefrite graissée et, à
   l'aide d'un pinceau, badigeonner d'huile végétale. Pour la cuisson, mesurer la partie la plus

épaisse de la truite farcie et calculer 4 minutes par centimètre d'épaisseur (10 minutes par pouce). Chauffer jusqu'à tendreté et servir.

Filets de tilapia au beurre à l'ail et aux olives
4 portions

125 ml (1/2 t) · beurre
12 · gousses d'ail entières, pelées
250 ml (1 t) · poivrons rouges grillés, coupés en fines lanières
80 ml (1/3 t) · olives noires dénoyautées
30 ml (2 c. à soupe) · câpres
30 ml (2 c. à soupe) · sauge, aneth ou basilic frais, haché
30 ml (2 c. à soupe) · jus de citron
30 ml (2 c. à soupe) · huile végétale
4 filets (500 g/1 lb en tout) · tilapia*

1. Dans un poêlon, chauffer le beurre et l'ail à feu moyen jusqu'à ce que le beurre soit mousseux. Réduire le feu à moyen-doux et cuire pendant 15 minutes ou jusqu'à ce que le beurre soit doré, en remuant de temps en temps. Écraser les gousses d'ail de manière à obtenir une purée. Ajouter les poivrons, les olives et les câpres et cuire pendant 4 minutes. Ajouter la sauge et le jus de citron et mélanger.

2. Dans un autre poêlon, chauffer l'huile à feu moyen-vif. Ajouter les filets de tilapia et cuire de 6 à 8 minutes ou jusqu'à ce qu'ils soient dorés et que la chair du poisson se défasse facilement à la fourchette. Retourner les filets une fois. Garnir le tilapia du beurre à l'ail et aux olives et servir chaud.

* On peut remplacer le tilapia par du flétan ou un autre poisson à chair blanche.

Filets de morue au poivron rouge et à l'oignon
4 portions

15 ml (1 c. à soupe) · huile d'olive
1 · poivron rouge coupé en fines lanières
4 · tranches fines d'oignon rouge
5 ml (1 c. à thé) · ail haché finement
2 ml (1/2 c. à thé) · origan séché ou
15 ml (1 c. à soupe) · origan frais, haché
4 (500 g/1 lb en tout) · filets de morue
30 ml (2 c. à soupe) · persil frais, haché
poivre

1. Dans un poêlon, faire chauffer l'huile à feu moyen. Ajouter le poivron rouge et faire sauter pendant 3 minutes. Défaire l'oignon en rondelles et mettre dans le poêlon avec l'ail et l'origan.

Faire cuire pendant 1 minute. Repousser les
légumes sur le côté du poêlon.

2. Ajouter les filets de morue, couvrir et faire cuire
pendant 3 minutes. Retourner les filets de
morue, couvrir de nouveau et cuire de 2 à
3 minutes ou jusqu'à ce que la chair du poisson
soit opaque. Parsemer de persil et poivrer
au goût. Garnir du mélange de légumes et
servir chaud.

Filets de turbot aux cœurs d'artichauts et aux tomates séchées
4 portions

4 (750 g/1 1/2 lb en tout) · filets de turbot*
2 · gousses d'ail hachées finement
1 ml (1/4 c. à thé) · sel
1 ml (1/4 c. à thé) · poivre noir
80 ml (1/3 t) · tomates séchées dans l'huile,
    égouttées et coupées en tranches fines
1 (170 ml/6 oz) · pot de cœurs d'artichauts
    marinés, coupés en deux
15 ml (1 c. à soupe) · huile d'olive
15 ml (1 c. à soupe) · persil frais, haché
1 · citron coupé en quartiers

1. Chauffer le four à 200 °C (400 °F).
2. Mettre les filets de turbot dans une lèchefrite

légèrement graissée ou tapissée de
papier parchemin. Parsemer d'ail, de sel et de
poivre. Couvrir des tomates séchées et des cœurs
d'artichauts. Arroser d'huile.
3. Cuire au four pendant environ 12 minutes ou
jusqu'à ce que la chair du poisson se défasse
facilement à la fourchette. Parsemer de persil et
servir chaud, avec les quartiers de citron.

* On peut remplacer le turbot par du flétan, du
tilapia ou un autre poisson à chair blanche.

Pâté de thon au cognac
1 pâté

125 g (1/4 lb) · champignons hachés
125 g (4 oz) · champignons hachés
125 ml (1/2 t) · eau bouillante
1 · sachet de gélatine sans saveur
2 boîtes (6 oz chacune) · thon émietté, égoutté
15 ml (1 c. à soupe) · cognac
10 ml (2 c. à thé) · sauce Worcestershire
125 ml (1/2 t) · mayonnaise
60 ml (1/4 t) · persil frais, haché
2 ml (1/2 c. à thé) · sel

1. Couper finement les champignons.
2. Dans un grand bol, verser l'eau chaude et y

dissoudre la gélatine jusqu'à ce qu'elle prenne. Y ajouter les champignons, le thon, le cognac, la sauce Worcestershire, la mayonnaise, le persil et le sel. Bien mélanger, de manière à obtenir une pâte lisse.

3. Verser le mélange dans un moule beurré ou garni de papier parchemin ou dans un moule en silicone.

4. Servir froid ou tiède avec des craquelins ou des croûtons.

100

Plats végétariens

Tartiflette savoyarde
6 à 8 portions

2 kg (4 lb) · pommes de terre à chair ferme
beurre
200 g (0,4 lb) · lardons fumés coupés en dés
3 · oignons coupés en rondelles
sel et poivre
500 ml (2 t) · crème fraîche à 30 %
1 (450 g) · fromage reblochon entier

1. Chauffer le four à 180 °C (350 °F).
2. Faire bouillir les pommes de terre dans de l'eau salée environ 20 minutes ou jusqu'à ce qu'elles soient tendres. Les laisser refroidir, puis les peler et les couper en rondelles. Déposer les pommes de terre au fond d'un plat beurré allant au four.
3. Pendant ce temps, dans un poêlon, faire revenir les lardons fumés jusqu'à ce qu'ils deviennent rosés. Ajouter les oignons et cuire à feu moyen, en remuant, jusqu'à ce qu'ils ramollissent. Déposer sur les pommes de terre et mélanger. Saler légèrement et poivrer au goût. Ajouter la crème et mélanger de nouveau.
4. Couper le reblochon en deux dans le sens de la longueur. Déposer, la croûte vers le haut, sur le mélange de pommes de terre. Cuire au four pendant environ 30 minutes. Servir la tartiflette chaude, accompagnée d'une salade verte et d'un vin blanc sec de Savoie.

TORTILLA de pommes de terre

4 portions

8	œufs
125 ml (1/2 t)	lait
120 ml (8 c. à s.)	crème 35 %
	sel et poivre
30 ml (2 c. à s.)	persil frais, haché
120 ml (8 c. à s.)	huile d'olive
400 g (7/8 lb)	pommes de terre coupées en petits dés
1	oignon haché

1. Dans un bol, battre les œufs avec le lait et la crème. Saler et poivrer au goût, puis incorporer le persil.
2. Dans un poêlon, chauffer l'huile et y faire revenir les pommes de terre pendant 5 minutes. Ajouter l'oignon et faire revenir pendant encore 5 minutes.
3. Verser le mélange d'œufs sur les pommes de terre et faire cuire à feu doux, à découvert, jusqu'à ce que le dessus soit légèrement doré.
4. Retourner la tortilla et continuer la cuisson à couvert pendant 5 minutes.
5. Faire glisser la tortilla sur une assiette et la découper en morceaux, puis servir.

Végépâté*
24 portions

250 ml (1 t) · graines de tournesol moulues

125 ml (1/2 t) · farine de blé ou de son

125 ml (1/2 t) · levure naturelle, torula ou Engevita

1 · gros oignon, haché finement

1 · carotte râpée ou

1 · betterave râpée

80 ml (1/3 t) · huile végétale

375 ml (1 1/2 t) · eau chaude

1 · gousse d'ail écrasée

1 ml (1/4 c. à thé) · thym séché
1 ml (1/4 c. à thé) · basilic séché
1 ml (1/4 c. à thé) · sauge séchée
sel et poivre

1. Chauffer le four à 180 °C (350 °F).
2. Mélanger tous les ingrédients et assaisonner au
   goût. Verser le mélange dans un plat allant
   au four et cuire 1 heure. Servir chaud ou froid.

* Le végépâté se conserve facilement au congélateur.

Pâté aux amandes*
24 portions

15 ml (1 c. soupe) · huile végétale
2 · oignons hachés finement
2 · gousses d'ail hachées finement
125 ml (1/2 t) · champignons coupés
    en tranches
15 ml (1 c. à soupe) · farine
250 ml (1 t) · bouillon de poulet ou de légumes
    du commerce
2 · œufs battus
250 ml (1 t) · amandes moulues
125 ml (1/2 t) · pain émietté
5 ml (1 c. à thé) · tamari
5 ml (1 c. à thé) · basilic séché
5 ml (1 c. à thé) · marjolaine séchée

1. Chauffer le four à 180 °C (350 °F).
2. Dans un poêlon, faire chauffer l'huile végétale
    à feu vif et y faire revenir les oignons, l'ail et
    les champignons de 3 à 5 minutes ou jusqu'à
    ce que les champignons soient tendres. Saupou-
    drer de farine. Ajouter le bouillon de poulet et
    laisser épaissir. Ajouter les œufs et cuire pen-
    dant 2 minutes. Ajouter les amandes, le pain, le
    tamari,
    le basilic et la marjolaine et mélanger.
3. Retirer du feu. Verser dans un plat graissé
    allant au four et faire cuire pendant 1 heure.
    Servir chaud ou froid.

*   Le pâté se conserve facilement au congélateur.

Fondue au fromage de base
4 portions

30 ml (2 c. à s.)	beurre
180 ml (3/4 t)	oignons verts hachés
250 ml (1 t)	vin blanc sec
250 ml (1 t)	bouillon de poulet du commerce
375 g (3/4 lb)	fromage suisse râpé
1 pincée	muscade

1. Dans une casserole, faire fondre le beurre et y
    faire revenir les oignons verts pendant environ
    2 minutes ou jusqu'à ce qu'ils soient tendres.
    Ajouter le vin blanc et laisser évaporer jusqu'à
    ce que le liquide ait réduit de moitié. Ajouter
    le bouillon de poulet.
2. Incorporer le fromage suisse en brassant
    sans arrêt au fouet jusqu'à l'obtention d'un
    mélange lisse. Ajouter la muscade.
3. Servir avec des croûtons de pain et des
    légumes au choix (céleri, carottes, poivrons,
    concombres marinés, etc.), accompagné d'un
    vin blanc sec de Savoie.

Fondue suisse des gourmets
4 portions

1 · grosse gousse d'ail
500 ml (2 t) · vin blanc sec
1 pincée · muscade
45 ml (3 c. à soupe) · poivre rose concassé
500 g (1 lb) · fromage emmenthal râpé
375 g (3/4 lb) · fromage gruyère râpé
100 g (3 oz) · fromage bleu émietté
20 ml (4 c. à thé) · fécule de maïs

1. Frotter le caquelon à fondue avec la gousse d'ail.
2. Réserver 60 ml (1/4 t) de vin blanc dans un petit bol. Verser le reste du vin dans le caquelon et ajouter la muscade et le poivre rose. Réchauffer le mélange à feu moyen et ajouter les fromages. Remuer jusqu'à ce que les fromages soient fondus.
3. Diluer la fécule de maïs dans le vin blanc réservé. Incorporer à la préparation de fromage et chauffer jusqu'à épaississement en remuant, sans faire bouillir.
4. Servir avec des croûtons de pain et des légumes au choix (céleri, carottes, poivrons, concombres marinés, etc.), accompagné d'un vin blanc sec de Savoie.

Fondue au cheddar à la bière
4 portions

5 ml (1 c. à thé) · huile végétale
2 · oignons verts hachés
2 ml (1/2 c. à thé) · origan séché
5 ml (1 c. à thé) · moutarde de Dijon
1 (341 ml/12 oz) · bouteille de bière rousse
15 ml (1 c. à soupe) · beurre ramolli
22 ml (1 1/2 c. à soupe) · farine tout usage
1,5 l (6 t) · fromage cheddar mi-fort râpé
15 ml (1 c. à soupe) · persil frais, haché
poivre

1. Dans un caquelon à fondue, faire chauffer
   l'huile à feu moyen et y faire revenir les oignons
   verts pendant 1 minute ou jusqu'à ce qu'ils
   soient translucides. Ajouter l'origan, la moutarde et la bière.
2. Dans un bol, mélanger le beurre et la farine.
   Incorporer à la préparation de bière en
   fouettant. Ajouter le fromage et remuer jusqu'à
   ce qu'il soit complètement fondu.
3. Retirer du feu, incorporer le persil et poivrer
   au goût. Servir avec des croûtons de pain et des
   légumes au choix (céleri, carottes, poivrons,
   concombres marinés, etc.), accompagné de bière
   rousse.

Fondue au fromage rouge
4 portions

500 ml (2 t) · fromage havarti râpé
500 ml (2 t) · fromage cheddar fort râpé
500 ml (2 t) · fromage emmenthal râpé
30 ml (2 c. à soupe) · farine tout usage
1 · grosse gousse d'ail
375 ml (1 1/2 t) · vin rouge sec
1 pincée · poivre blanc
1 pincée · muscade
sel
1 boîte (540 ml/19 oz) · tomates en dés égouttées
2 · oignons verts hachés

1. Dans un bol, mélanger les fromages avec la farine et réserver.
2. Frotter le caquelon à fondue avec la gousse d'ail. Verser le vin rouge et faire chauffer à feu moyen. Ajouter le mélange de fromages, par poignées, quand le vin commence à bouillir et remuer jusqu'à ce que les fromages soient fondus. Ajouter le poivre, la muscade et du sel au goût.
3. Ajouter les tomates et les oignons verts et servir avec des croûtons de pain et des légumes au choix (céleri, carottes, poivrons, concombres marinés, etc.), accompagné de vin rouge sec.

Légumes

Légumes frits
4 portions, en accompagnement

30 ml (2 c. à soupe) · huile d'arachide
sel
500 g (1 lb) · brocoli coupé en morceaux
60 ml (1/4 t) · céleri finement haché
60 ml (1/4 t) · oignon finement haché
10 ml (2 c. à thé) · sauce soja
poivre
180 ml (3/4 t) · eau
15 ml (1 c. à soupe) · fécule de maïs diluée
dans un peu d'eau

1. Dans un poêlon, chauffer l'huile, parsemer de sel au goût et ajouter le brocoli. Faire cuire à feu vif, en remuant constamment, pendant 30 secondes. Ajouter le céleri et l'oignon et cuire, en remuant, pendant 1 minute. Ajouter du sel et du poivre au goût et la sauce soja.
2. Ajouter l'eau, couvrir hermétiquement et cuire à feu vif pendant 2 minutes. Ajouter la fécule de maïs et cuire à feu doux jusqu'à épaississement. Servir immédiatement.

Nouilles de riz aux légumes
4 portions, en accompagnement

250 g (1/2 lb) · nouilles de riz

45 ml (3 c. à soupe) • huile d'arachide
sel
125 ml (1/2 t) • oignon coupé en tranches
750 ml (3 t) • chou chinois grossièrement coupé
15 ml (1 c. à soupe) • sauce soja
125 ml (1/2 t) • eau ou bouillon de poulet
sauce soja

1. Faire tremper les nouilles de riz dans de l'eau pendant 20 minutes, puis égoutter. Réserver.
2. Dans un poêlon, faire chauffer 30 ml (2 c. à soupe) d'huile, parsemer d'une pincée de sel, puis ajouter l'oignon. Cuire à feu vif et en remuant constamment pendant 1 minute. Ajouter le chou et continuer la cuisson, en remuant, pendant 30 secondes. Ajouter les 15 ml (1 c. à soupe) de sauce soja et une pincée de sel. Retirer du feu et réserver au chaud.
3. Mettre 15 ml (1 c. à soupe) d'huile dans le poêlon. Ajouter les nouilles de riz et un peu d'eau pour ne pas qu'elles collent. Cuire pendant environ 2 minutes, à feu moyen. Ajouter ce qui reste d'eau, couvrir hermétiquement et cuire à feu vif pendant environ 3 minutes.
4. Ajouter les légumes et assaisonner au goût avec de la sauce soja et du sel. Bien mélanger et servir immédiatement.

1. Chauffer le four à 190 °C (375 °F).
2. Préparation de la sauce tomate : dans un grand poêlon, faire revenir l'ail dans l'huile. Ajouter les tomates en dés et laisser cuire pendant environ 5 minutes. Saler et poivrer.
3. Dans un plat allant au four, mettre les légumes en étage : les tomates en tranches, l'aubergine, les poivrons, les courgettes, l'oignon et les champignons. Ajouter le sel et le poivre.
4. Verser uniformément la sauce tomate sur les légumes. Faire cuire au four pendant 40 minutes. Au moment de servir, parsemer l'origan et le basilic sur la ratatouille.

Ratatouille

6 portions

3	gousses d'ail émincées		1	poivron vert coupé en tranches fines
180 ml (1/3 t)	huile d'olive		500 ml (2 t)	courgettes coupées en tranches fines
500 ml (2 t)	tomates en dés en conserve sel et poivre		1	oignon coupé en quartiers
500 ml (2 t)	tomates fraîches, coupées en tranches fines		750 ml (3 t)	champignons coupés en tranches
1	aubergine pelée et coupées en cubes		10 ml (2 c. à thé)	sel
1	poivron rouge coupé en tranches fines		2 ml (1/2 c. à thé)	poivre
			2 ml (1/2 c. à thé)	origan frais, haché
			2 ml (1/2 c. à thé)	basilic frais, haché

Salade de pommes de terre
8 portions

10 à 12 · pommes de terre*
6 à 8 · oignons verts
250 ml (1 t) · céleri haché finement
60 ml (4 c. à soupe) · persil frais, haché
30 ml (2 c. à soupe) · mayonnaise
10 ml (2 c. à thé) · moutarde à l'ancienne

1. Dans une grande casserole, faire cuire complètement les pommes de terre entières, non pelées, pendant au moins 20 minutes. Laisser refroidir. Peler les pommes de terre et les couper en dés.

2. Dans un grand bol, mélanger les cubes de pommes de terre, les oignons verts, le céleri, le persil, la mayonnaise et la moutarde. Conserver au froid.

* On peut aussi utiliser des pommes de terre nouvelles avec la pelure pour une salade plus estivale.

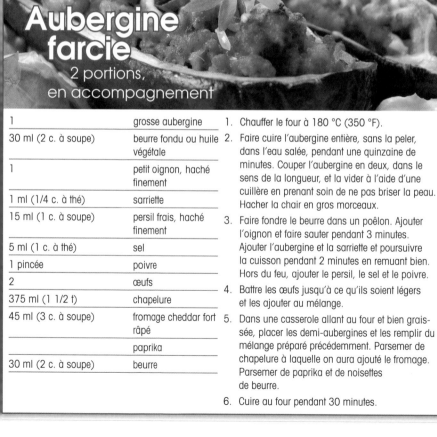

Aubergine farcie
2 portions, en accompagnement

1	grosse aubergine
30 ml (2 c. à soupe)	beurre fondu ou huile végétale
1	petit oignon, haché finement
1 ml (1/4 c. à thé)	sarriette
15 ml (1 c. à soupe)	persil frais, haché finement
5 ml (1 c. à thé)	sel
1 pincée	poivre
2	œufs
375 ml (1 1/2 t)	chapelure
45 ml (3 c. à soupe)	fromage cheddar fort râpé
	paprika
30 ml (2 c. à soupe)	beurre

1. Chauffer le four à 180 °C (350 °F).

2. Faire cuire l'aubergine entière, sans la peler, dans l'eau salée, pendant une quinzaine de minutes. Couper l'aubergine en deux, dans le sens de la longueur, et la vider à l'aide d'une cuillère en prenant soin de ne pas briser la peau. Hacher la chair en gros morceaux.

3. Faire fondre le beurre dans un poêlon. Ajouter l'oignon et faire sauter pendant 3 minutes. Ajouter l'aubergine et la sarriette et poursuivre la cuisson pendant 2 minutes en remuant bien. Hors du feu, ajouter le persil, le sel et le poivre.

4. Battre les œufs jusqu'à ce qu'ils soient légers et les ajouter au mélange.

5. Dans une casserole allant au four et bien graissée, placer les demi-aubergines et les remplir du mélange préparé précédemment. Parsemer de chapelure à laquelle on aura ajouté le fromage. Parsemer de paprika et de noisettes de beurre.

6. Cuire au four pendant 30 minutes.

Navets à la crème sure
6 portions, en accompagnement

1 · navet pelé, coupé en dés
45 ml (3 c. à soupe) · crème sure
15 ml (1 c. à soupe) · ciboulette hachée
sel et poivre

1. Faire cuire le navet dans l'eau jusqu'à ce qu'il
   soit tendre. Bien égoutter et laisser tiédir.
2. Ajouter la crème sure et la ciboulette au navet
   et mélanger délicatement. Saler et poivrer au
   goût. Servir tiède.

Salade de poivrons
4 portions

1 · poivron rouge coupé en fines juliennes
1 · poivron jaune coupé en fines juliennes
1 · poivron orange coupé en fines juliennes
1 · poivron vert coupé en fines juliennes
1/2 · oignon rouge coupé en fines juliennes
125 g (4 oz) · féta coupée en cubes
60 ml (4 c. à soupe) · huile d'olive
30 ml (2 c. à soupe) · vinaigre de vin blanc
4 · feuilles de basilic frais, hachées
sel et poivre
feuilles de basilic entières

1. Dans un grand bol, mettre les juliennes de poivrons et d'oignon, puis ajouter les cubes de féta.
2. Arroser d'huile d'olive et de vinaigre de vin blanc et ajouter le basilic. Saler et poivrer au goût et bien mélanger.
3. Servir en garnissant de feuilles de basilic.

Salade de concombres
6 portions

2 · concombres
5 ml (1 c. à thé) · sauce soja
15 ml (1 c. à soupe) · vinaigre blanc
15 ml (1 c. à soupe) · sucre
30 ml (2 c. à soupe) · huile d'olive
1 ml (1/4 c. à thé) · sauce Tabasco
2 ml (1/2 c. à thé) · sel

1. Peler les concombres, les couper en deux sur la longueur et les épépiner. Couper les concombres en tronçons d'environ 1 cm (1/2 po) de longueur.
2. Mélanger dans un grand bol la sauce soja, le vinaigre, le sucre, l'huile, la sauce Tabasco et le sel. Ajouter les concombres et mélanger de nouveau. Servir froid.

Salade de chou rouge
8 portions

1 · chou rouge râpé ou coupé en fines tranches
250 ml (1 t) · pomme verte* coupée en juliennes
250 ml (1 t) · céleri coupé en juliennes
4 · oignons verts hachés
sel et poivre

Vinaigrette
5 ml (1 c. à thé) · sel
2 ml (1/2 c. à thé) · sucre
2 ml (1/2 c. à thé) · paprika
1 ml (1/4 c. à thé) · poivre
80 ml (1/3 t) · vinaigre de vin blanc
160 ml (2/3 t) · huile d'olive
30 ml (2 c. à soupe) · sauce chili

1. Dans un saladier, mélanger le chou rouge, la pomme verte, le céleri et les oignons verts. Saler et poivrer.
2. Dans un petit bol, bien mélanger le sel, le sucre, le paprika, le poivre, le vinaigre de vin blanc, l'huile et la sauce chili.
3. Ajouter la vinaigrette à la salade et bien mélanger. Conserver au froid jusqu'au moment de servir.

* Pour éviter que les pommes brunissent, on peut les conserver dans de l'eau additionnée de jus de citron.

Salade de fenouil

6 portions

1	laitue Boston
1	laitue chinoise
250 ml (1 t)	betteraves coupées en juliennes
500 ml (2 t)	eau bouillante
250 ml (1 t)	cœur de fenouil émincé
30 ml (2 c. à soupe)	huile d'olive
1	gousse d'ail
15 ml (1 c. à soupe)	jus de citron
30 ml (2 c. à soupe)	crème 35 %
1 ml (1/4 c. à thé)	sel
0,5 ml (1/8 c. à thé)	piment de Cayenne moulu
60 ml (1/4 t)	beurre
500 ml (2 t)	mie de pain coupée en cubes
60 ml (1/4 t)	noix de Grenoble hachées

1. Bien laver les laitues. Défaire les feuilles et les déchirer grossièrement à la main. Les déposer dans un grand saladier.

2. Faire tremper les betteraves dans l'eau bouillante pendant 3 minutes. Rincer sous l'eau très froide. Égoutter. Déposer sur les laitues. Ajouter le fenouil. Réserver au froid.

3. Dans un bol, mélanger l'huile, l'ail, le jus de citron, la crème, le sel et le piment de Cayenne. Réserver au froid.

4. Dans un grand poêlon, faire fondre le beurre. Faire revenir les cubes de mie de pain à feu moyen jusqu'à ce qu'ils soient grillés. Remuer régulièrement pour griller tous les côtés. Laisser refroidir et réserver.

5. Au moment de servir, verser la vinaigrette sur les légumes et bien mélanger. Parsemer de croûtons et de noix de Grenoble.

Salade belge
6 portions

6 · endives
2 · pommes vertes
125 ml (1/2 t) · noix de Grenoble
45 ml (3 c. à soupe) · jus de citron
30 ml (2 c. à soupe) · huile d'olive
sel et poivre

1. Laver les endives et bien les rincer et les égoutter. Couper les endives en bouchées. Peler et couper les pommes en dés.
2. Dans un saladier, mélanger les endives, les pommes et les noix et arroser du jus de citron. Ajouter l'huile, du sel et du poivre et bien mélanger. Servir immédiatement.

Salade orientale*
4 portions

Salade
250 ml (1 t) · riz cuit selon les indications du fabricant
125 g (1/4 lb) · fèves germées
60 ml (1/4 t) · raisins secs
1 · branche de céleri coupée en dés
1 · poivron rouge coupé en dés

1 · oignon vert haché finement
125 g (1/4 lb) · champignons coupés en lamelles
125 ml (1/2 t) · noix de cajou
1 (284 g/10 oz) · paquet d'épinards frais
persil frais, haché

Vinaigrette
125 ml (1/2 t) · huile d'arachide
quelques gouttes d'huile de sésame
60 ml (1/4 t) · sauce soja
1 · gousse d'ail hachée très finement

1. Dans un saladier, mélanger le riz, les fèves
   germées, les raisins secs, le céleri, le poivron
   rouge, l'oignon vert, les champignons, les noix
   de cajou, les épinards et le persil au goût.
2. Dans un bol, mélanger l'huile d'arachide, l'huile
   de sésame, la sauce soja et l'ail. Verser la vinaigrette sur la salade et mélanger de façon à bien
   enrober et servir.

* Pour une salade plus consistante, on peut ajouter du poulet.

Ragoût d'aubergine
6 portions

1 · aubergine
2 · oignons
2 · gousses d'ail
6 · tomates
30 ml (2 c. à soupe) · huile d'olive
sel et poivre

1. Couper l'aubergine en cubes.
2. Parsemer les cubes de sel et laisser reposer pendant 1 heure.
3. Rincer les cubes d'aubergine sous l'eau froide et éponger.
4. Hacher finement les oignons et les gousses d'ail.
5. Évider les tomates et les couper grossièrement.
6. Conserver le jus des tomates.
7. Dans un grand poêlon, faire revenir les oignons dans l'huile.
8. Ajouter les aubergines et laisser cuire pendant 5 minutes.
9. Ajouter les tomates, le jus des tomates et l'ail. Saler et poivrer.
10. Laisser mijoter à découvert pendant 30 minutes.
11. Servir sur un lit de riz blanc.

Poivrons farcis
4 portions, en accompagnement

4 · poivrons
250 ml (1 t) · légumes mélangés surgelés
4 · œufs
125 ml (1/2 t) · lait
2 ml (1/2 c. à thé) · poudre d'oignon
2 ml (1/2 c. à thé) · assaisonnement à l'italienne

1. Chauffer le four à 160 °C (325 °F).
2. Couper le dessus des poivrons ; nettoyer l'intérieur. Mettre chaque poivron dans un ramequin. Déposer le quart des légumes dans chacun.
3. Dans un bol, battre les œufs avec le lait, la poudre d'oignon et l'assaisonnement à l'italienne. Verser le quart de la préparation dans chaque poivron, sur les légumes.
4. Cuire au four micro-ondes, à intensité élevée, pendant 6 minutes, en tournant chaque poivron après 3 minutes (changer les poivrons de place uniquement si le four n'est pas muni d'un plateau rotatif). Cuire de 10 à 14 minutes de plus, à intensité moyenne, en tournant les poivrons toutes les 3 minutes. Les poivrons sont prêts quand un couteau inséré au centre en ressort propre.
5. Cuire au four pendant environ 1 heure. Laisser reposer pendant 5 minutes avant de servir.

Pois verts à la menthe
6 portions, en accompagnement

500 ml (2 t) · pois verts frais ou surgelés,
   décongelés
30 ml (2 c. à soupe) · beurre
30 ml (2 c. à soupe) · menthe fraîche, finement
hachée
sel et poivre

1. Si on utilise des petits pois frais, dans une casserole, faire cuire les petits pois dans de l'eau
bouillante. Bien égoutter.
2. Si on utilise des petits pois surgelés, les laisser
décongeler complètement.
3. Dans une casserole, faire fondre le beurre.
Ajouter les petits pois et les faire revenir pendant
3 minutes à feux doux. Retirer du feu. Ajouter
la menthe et mélanger délicatement. Saler et
poivrer.

Gratin d'aubergines sauce tomate
6 portions, comme plat principal, 12 portions,
   en accompagnement

Aubergines
   2 (500 g/1 lb) · aubergines
   250 ml (1 t) · fromage mozzarella râpé
   30 ml (2 c. à soupe) · fromage parmesan râpé

Sauce

1 boîte (796 ml/28 oz) · tomates entières,
    non égouttées
60 ml (1/4 t) · pâte de tomate
1 · oignon haché finement
2 · gousses d'ail hachées finement
1 · grosse feuille de laurier
15 ml (1 c. à soupe) · basilic séché
5 ml (1 c. à thé) · origan séché
poivre

1. Chauffer le four à 230 °C (450 °F).
2. Couper les aubergines en deux dans le sens de la longueur et les piquer avec une fourchette. Placer dans une lèchefrite légèrement graissée, la pelure vers le haut. Faire cuire au four pendant 20 minutes ou jusqu'à ce qu'elles soient tendres. Laisser refroidir les aubergines et les couper en tranches de 1 cm (1/2 po) dans le sens de la largeur.
3. Au mélangeur ou au robot culinaire, réduire les tomates en purée et les verser dans une casserole. Ajouter la pâte de tomate, l'oignon, l'ail, la feuille de laurier, le basilic et l'origan. Faire mijoter à découvert de 20 à 30 minutes ou jusqu'à ce que la sauce épaississe et que l'oignon soit tendre. Poivrer au goût et retirer la feuille de laurier.
4. Étendre une mince couche de sauce tomate dans

un moule carré de 20 cm (8 po). Couvrir d'une couche d'aubergines. Répéter et terminer avec une couche de sauce. Parsemer de mozzarella et de parmesan. Cuire au four à 200 °C (400 °F) de 25 à 30 minutes ou jusqu'à ce que le mélange bouillonne. Servir chaud.

1. Chauffer le four à 160 °C (325 °F).
2. Couper les pommes de terre en tranches de même épaisseur.
3. Frotter les côtés d'un plat d'une capacité de 1,5 l (6 t) allant au four badigeonné de beurre avec une gousse d'ail. Déposer les tranches de pommes de terre en étages dans le plat.
4. Dans un bol, mélanger le lait, le gruyère, l'œuf battu, du sel et du poivre au goût et la muscade. Verser ce mélange sur les pommes de terre.
5. Cuire au four, à couvert, pendant 45 minutes, puis, à découvert, pendant 30 minutes ou jusqu'à ce que les pommes de terre soient tendres. Laisser reposer pendant 5 minutes. Servir chaud.

Gratin dauphinois
6 portions, en accompagnement

5	grosses pommes de terre	375 ml (1 1/2 t)	fromage gruyère râpé
30 ml (2 c. à s.)	beurre ramolli	1	œuf battu
1	gousse d'ail		sel et poivre
250 ml (1 t)	lait	1 ml (1/4 c. à thé)	muscade

Chou-fleur au cari*
8 portions, en accompagnement

15 ml (1 c. à soupe) · beurre
1 · gros oignon, haché
2 · gousses d'ail hachées
15 ml (1 c. à soupe) · cari

5 ml (1 c. à thé) • sel
2 ml (1/2 c. à thé) • graines d'aneth (facultatif)
1 ml (1/4 c. à thé) • cumin moulu
3 • grosses tomates, coupées en morceaux
1 • gros chou-fleur, coupé en bouquets de la
    grosseur d'une bouchée
125 ml (1/2 t) • crème sure
80 ml (1/3 t) • coriandre fraîche, hachée
    (facultatif)

1. Dans une casserole, faire fondre le beurre à feu
   moyen. Faire revenir l'oignon, l'ail, le cari, le
   sel, les graines d'aneth, si désiré, et le cumin, en
   remuant souvent, de 2 à 3 minutes ou jusqu'à
   ce que l'oignon devienne translucide. Ajouter les
   tomates et, à l'aide d'une cuillère en bois, gratter
   le fond de la casserole.
2. Ajouter le chou-fleur. Couvrir et laisser cuire
   environ 5 minutes en remuant de temps en
   temps. Cuire à découvert, en remuant souvent,
   de 5 à 10 minutes, jusqu'à ce que les légumes
   aient la tendreté désirée. Incorporer la crème
   sure et la coriandre, si désiré. Retirer du feu et
   servir immédiatement, avec du poulet ou du
   poisson.

* Le chou-fleur se conserve deux jours au réfrigérateur dans un contenant hermétique.

Harmonie en vert
6 portions

Salade
750 ml (3 t) · épinards frais, déchiquetés
4 · branches de céleri hachées
1/2 · poivron vert
1 · concombre
1/2 · laitue frisée
30 ml (2 c. à soupe) · ciboulette hachée
80 ml (1/3 t) · vinaigrette à la française
1 · petit avocat, coupé en tranches

Vinaigrette à la française
180 ml (3/4 t) · huile d'olive
60 ml (1/4 t) · jus de citron ou vinaigre de cidre
15 ml (1 c. à soupe) · sucre
4 ml (3/4 c. à thé) · sel
1 ml (1/4 c. à thé) · paprika
1 ml (1/4 c. à thé) · moutarde en poudre
1 ml (1/4 c. à thé) · poivre

1. Mettre au réfrigérateur six bols à salade individuels tapissés d'une partie des épinards.
2. Dans un bol, mélanger le reste des épinards, le
   céleri, le poivron, le concombre, la laitue et la
   ciboulette.
3. Dans un bocal hermétique, mélanger l'huile
   d'olive, le jus de citron, le sucre, le sel, le
   paprika, la moutarde en poudre et le poivre.

Bien fermer et agiter vigoureusement pour obtenir un mélange homogène. Ajouter 80 ml (1/3 t) de vinaigrette française* à la salade. Mélanger délicatement afin de bien enrober tous les ingrédients.

4. Répartir la salade dans les bols et garnir des tranches d'avocat.

* Conserver le reste de vinaigrette au réfrigérateur, dans un bocal fermé.

Salade aux fraises et aux épinards

4 portions

60 ml (1/4 t)	mayonnaise
60 ml (1/4 t)	yogourt nature
15 ml (1 c. à soupe)	jus d'orange
15 ml (1 c. à soupe)	sucre d'érable
	sel et poivre
2 l (8 t)	épinards frais, déchiquetés
250 ml (1 t)	fraises coupées en tranches
60 ml (1/4 t)	amandes grillées

1. Dans un saladier, mélanger la mayonnaise et le yogourt. Ajouter le jus d'orange, le sucre d'érable, du sel et du poivre au goût. Mélanger de nouveau. Ajouter les épinards et enrober délicatement de vinaigrette.

2. Séparer la salade en quatre portions et ajouter le quart des fraises à chacune. Parsemer d'amandes grillées et servir.

Salade verte aux fruits d'été
4 portions

45 ml (3 c. à soupe) · vinaigre de cidre
15 ml (1 c. à soupe) · miel liquide
5 ml (1 c. à thé) · moutarde de Dijon
1 ml (1/4 c. à thé) · sel
1 ml (1/4 c. à thé) · poivre
60 ml (1/4 t) · huile d'olive
15 ml (1 c. à soupe) · menthe fraîche, hachée ou
5 ml (1 c. à thé) · menthe séchée
1 l (4 t) · laitue romaine déchiquetée
1 l (4 t) · épinards frais, déchiquetés
250 ml (1 t) · framboises, fraises coupées en
   tranches et bleuets
2 · kiwis pelés et coupés en tranches

1. Dans un saladier, fouetter le vinaigre avec le miel, la moutarde, le sel et le poivre. Au fouet, goutte à goutte, incorporer l'huile d'olive. Ajouter la menthe et mélanger (laisser reposer la menthe séchée pendant 15 minutes). Ajouter la laitue et les épinards et mélanger délicatement.
2. Séparer la salade en 4 portions et ajouter le quart des fruits à chacune. Servir.

Salade César
6 portions

1 · gousse d'ail coupée en deux
180 ml (3/4 t) · huile d'olive
5 ml (1 c. à thé) · sel
1 ml (1/4 c. à thé) · poivre
15 ml (1 c. à soupe) · sauce Worcestershire
500 ml (2 t) · croûtons grillés
45 ml (3 c. à soupe) · jus de citron
30 ml (2 c. à soupe) · vinaigre
3 l (12 t) · laitue romaine déchiquetée
60 ml (1/4 t) · fromage parmesan râpé
1 · œuf légèrement battu
45 ml (3 c. à soupe) · câpres
croûtons
10 à 12 · filets d'anchois

1. Dans un bol, faire tremper l'ail dans l'huile pendant au moins 3 heures. Retirer l'ail et mélanger 125 ml (1/2 t) d'huile, le sel, le poivre et la sauce Worcestershire. Réserver.
2. Dans une casserole, faire chauffer le reste de l'huile d'olive et y ajouter les croûtons en remuant. Réserver.
3. Dans un autre bol, mélanger le jus de citron, le vinaigre et le mélange d'huile d'olive. Verser sur la laitue préalablement déposée dans un saladier. Parsemer de parmesan. Ajouter l'œuf et

mélanger délicatement jusqu'à ce que la sauce soit répartie uniformément et qu'il n'y ait plus aucune trace d'œuf. Ajouter les câpres et les croûtons et mélanger.

4. Garnir de filets d'anchois et servir.

Taboulé
6 à 8 portions

625 ml (2 1/2 t) · boulgour ou quinoa
60 ml (1/4 t) · pois chiches germés ou trempés 8 heures cuits selon les indications du fabricant (facultatif)
180 ml (3/4 t) · menthe fraîche, hachée ou 30 ml (2 c. à soupe) · menthe séchée
180 ml (3/4 t) · oignons verts hachés
80 ml à 125 ml (1/3 t à 1/2 t) · jus de citron
375 ml (1 1/2 t) · persil frais, haché très finement
3 · tomates coupées en dés
60 ml (1/4 t) · huile d'olive
1 · gousse d'ail écrasée
5 ml (1 c. à thé) · basilic séché
1 ml (1/4 c. à thé) · sel

1. Dans une casserole, cuire le boulgour pendant 10 minutes dans 625 ml (2 1/2 t) d'eau

bouillante salée, puis laisser reposer pendant
15 minutes jusqu'à la température ambiante.

2. Dans un saladier, mélanger tous les ingrédients,
   puis laisser reposer le taboulé pendant au moins
   1 heure au réfrigérateur. Si désiré, servir accompagné de pains pitas ou en farcir des endives.

Tomates farcies à l'avocat
4 portions

4 · tomates
sel
15 ml (1 c. à soupe) · ciboulette
15 ml (1 c. à soupe) · céleri haché finement
sel et poivre
60 ml (1/4 t) · fromage mozzarella râpé
1 · avocat mûr
5 ml (1 c. à thé) · jus de citron
miettes de bacon séché

1. Couper le dessus des tomates et les évider.
   Hacher la pulpe et réserver.
2. Saupoudrer de sel au goût l'intérieur des
   tomates, puis les réfrigérer, tête en bas, sur un
   papier absorbant, pendant 1 heure.
3. Dans un bol, mélanger la ciboulette, le céleri,
   du sel et du poivre au goût et la mozzarella.

4. Au mélangeur ou au robot culinaire, défaire en crème l'avocat avec le jus de citron, puis verser dans le premier mélange. Ajouter la pulpe de tomate et mélanger.

5. Verser la farce dans les tomates et réfrigérer pendant 1 heure. Juste avant de servir, parsemer de miettes de bacon. Si désiré, déposer sur une feuille de laitue.

Riz, pâtes, pains et pizzas

Riz créole
4 portions

60 ml (1/4 t) · huile d'olive
125 ml (1/2 t) · petits pois
125 ml (1/2 t) · carottes coupées en dés
120 g (4 oz) · crevettes cuites
15 ml (1 c. à soupe) · persil frais, haché
15 ml (1 c. à soupe) · thym frais, haché
375 ml (1 1/2 t) · eau
250 ml (1 t) · riz blanc
sel et poivre

1. Dans une casserole, faire chauffer l'huile d'olive et y faire mijoter les petits pois, les carottes, les crevettes, le persil et le thym pendant environ 10 minutes à couvert, à feu doux.
2. Ajouter l'eau et augmenter le feu pour amener à ébullition. Une fois ce point atteint, ajouter le riz dans la casserole. Saler et poivrer. Réduire le feu à moyen-doux et laisser mijoter à couvert jusqu'à ce que l'eau soit évaporée et que le riz soit cuit, soit environ 15 minutes.
3. Servir en accompagnement avec du poisson.

Riz aux fines herbes
4 portions, en accompagnement

> 60 ml (1/4 t) · beurre
> 125 ml (1/2 t) · oignon haché
> 375 ml (1 ½ t) · riz blanc à grain long
> 310 ml (1 ¼ t) · bouillon de poulet
> 625 ml (2 1/2 t) · eau
> 0,5 ml (1/8 c. à thé) · marjolaine séchée
> 0,5 ml (1/8 c. à thé) · thym séché
> 10 ml (2 c. à thé) · sel
> 0,5 ml (1/8 c. à thé) · poivre

1. Dans une grande casserole, faire chauffer le beurre. Faire cuire l'oignon à feu doux pendant 3 minutes en remuant. Ajouter le riz et poursuivre la cuisson jusqu'à ce que les grains soient bien dorés.
2. Chauffer ensemble le bouillon de poulet et l'eau. Amener à ébullition, puis ajouter le riz et les oignons. Ajouter la marjolaine, le thym, le sel et le poivre. Chauffer jusqu'à ébullition, puis baisser le feu à moyen-doux. Couvrir et laisser cuire pendant 20 minutes ou jusqu'à ce que le riz soit tendre.

Riz pilaf
4 portions, en accompagnement

250 ml (1 t) · riz blanc à grain long
125 ml (1/2 t) · beurre
375 ml (1 ½ t) · consommé ou bouillon de bœuf
2 ml (1/2 c. à thé) · sel
1 · feuille de laurier
1 · petit oignon
2 · clous de girofle

1. Chauffer le four à 180 °C (350 °F).
2. Rincer le riz à l'eau froide et bien égoutter.
3. Dans une casserole allant au four, faire fondre environ 15 ml (1 c. à soupe) du beurre. Faire revenir le riz à feu moyen pendant 2 minutes. Ajouter le consommé de bœuf, le sel et la feuille de laurier. Placer l'oignon entier piqué de clous de girofle au centre du riz. Porter à ébullition. Couvrir et faire cuire au four pendant 30 minutes.
4. À la sortie du four, ajouter le reste du beurre et bien mélanger. Retirer l'oignon piqué de clous de girofle et servir chaud.

Orge pilaf aux champignons
8 portions

500 g (1 lb) · champignons coupés en quartiers
15 ml (1 c. à soupe) · huile d'olive

2 · carottes coupées en dés
1 · oignon coupé en tranches fines
10 ml (2 c. à thé) · poudre d'ail
500 ml (2 t) · bouillon de poulet du commerce
625 ml (2 1/2 t) · eau
250 ml (1 t) · orge perlé
1 boîte (540 ml/19 oz) · lentilles rincées et
    égouttées
60 ml (1/4 t) · persil frais, haché
quartiers de citron

1. Chauffer le four à 220 °C (425 °F).
2. Graisser légèrement une lèchefrite et y étaler
   les champignons, en une seule couche. Les faire
   rôtir au centre du four pendant 15 minutes en
   les remuant une fois. Réserver.
3. Dans une grande casserole, faire chauffer l'huile
   à feu moyen. Ajouter les carottes, l'oignon et la
   poudre d'ail et cuire de 6 à 8 minutes ou jusqu'à
   ce que les légumes ramollissent. Ajouter le
   bouillon de poulet, l'eau et l'orge. Couvrir et amener à ébullition. Réduire le feu à moyen-doux et
   laisser mijoter pendant 20 minutes ou jusqu'à ce
   que l'orge soit tendre et le liquide presque entièrement évaporé, en remuant de temps en temps.
   Ajouter les champignons et les lentilles, mélanger
   délicatement et couvrir. Éteindre le feu et laisser
   reposer pendant 5 minutes.
4. Mélanger délicatement le persil au mélange
   d'orge. Servir avec des quartiers de citron.

Macaronis chinois
4 portions

Macaroni
    500 ml (2 t) · macaronis non cuits
    60 ml (1/4 t) · bouillon de bœuf du commerce
    1 · petit oignon, haché finement
    250 ml (1 t) · champignons coupés en tranches
    375 ml (1 1/2 t) · boeuf haché

Sauce
    60 ml (1/4 t) · bouillon de bœuf du commerce
    15 ml (1 c. à soupe) · moutarde de Dijon
    45 ml (3 c. à soupe) · sauce Worcestershire
    60 ml (1/4 t) · sauce soja
    poivre
    500 ml (2 t) · fromage cheddar râpé
    persil frais, haché (facultatif)

1. Chauffer le four à gril.
2. Cuire les macaronis selon les indications du fabricant, mais en substituant 60 ml (1/4 t) d'eau par du bouillon de bœuf. Égoutter et réserver.
3. Pendant ce temps, dans un poêlon, faire revenir l'oignon, les champignons et le boeuf haché jusqu'à ce que la viande soit brune. Déposer dans un plat allant au four.
4. Dans un bol, préparer la sauce en mélangeant le bouillon de bœuf, la moutarde de Dijon, la

sauce Worcestershire et la sauce soja. Poivrer au goût. Bien mélanger. Arroser les pâtes de sauce et mélanger de nouveau.

5. Couvrir de fromage et de persil, si désiré, et gratiner au four pendant environ 5 minutes. Laisser reposer pendant 2 minutes et servir.

30 ml (2 c. à soupe)	huile végétale
3	branches de céleri hachées finement
1	oignon coupé en rondelles
1	poivron vert coupé en lamelles
250 ml (1 t)	champignons coupés en tranches
500 g (1 lb)	bœuf haché
10 ml (2 c. à thé)	sel
1 boîte (540 ml/19 oz)	tomates en dés
375 ml (1 1/2)	eau
1 ml (1/4 c. à thé)	moutarde en poudre poivre
500 ml (2 t)	macaronis ou coquilles

1. Dans une grande casserole, chauffer l'huile à feu vif et y faire revenir le céleri, l'oignon, le poivron, les champignons, le bœuf haché et le sel jusqu'à ce que la viande brunisse.

2. Ajouter les tomates, l'eau, la moutarde en poudre et le poivre au goût et porter à ébullition.

3. Ajouter les pâtes et porter de nouveau à ébullition.

4. Couvrir et laisser mijoter doucement, en remuant de temps en temps, de 20 à 25 minutes ou jusqu'à ce que les macaronis soient cuits.

Macaronis à la viande

6 à 8 portions

Lasagne

10 portions

1	gousse d'ail hachée finement
1	oignon haché
10 ml (2 c. à thé)	huile végétale
500 g (1 lb)	bœuf haché
	sel et poivre
2 ml (1/2 c. à thé)	romarin
1 boîte (390 ml/14 oz)	sauce tomate
500 ml (2 t)	eau bouillante
1/2 boîte de 500 g	lasagnes cuites selon les indications du fabricant
250 g (1/2 lb)	fromage blanc râpé
250 g (1/2 lb)	fromage mozzarella râpé

1. Chauffer le four à 180 °C (350 °F).

2. Dans une grande casserole, faire revenir l'ail et l'oignon dans l'huile préalablement chauffée jusqu'à ce qu'ils deviennent translucides, puis faire brunir légèrement le bœuf. Ajouter du sel, du poivre, le romarin, la sauce tomate et l'eau bouillante et faire mijoter pendant 30 minutes sans couvrir.

3. Mettre dans un plat allant au four quelques cuillérées de sauce, la moitié des lasagnes, le fromage blanc, la moitié de la sauce et le reste des lasagnes; couvrir du reste de la sauce et de la mozzarella.

4. Cuire au four pendant 30 minutes. Laisser reposer 5 minutes et servir.

Cannellonis à la florentine
4 portions

500 g (1 lb) · fromage ricotta
2 (340 g chacun) · paquets d'épinards hachés
1 · oeuf légèrement battu
125 ml (1/2 t) · fromage parmesan râpé
5 ml (1 c. à thé) · feuilles de basilic séchées
30 ml (2 c. à soupe) · pesto vert
sel
24 · cannellonis prêts pour le four
680 ml (2 3/4 t) · sauce rosée pour pâtes

1. Chauffer le four à 180 °C (350 °F).
2. Dans un bol, mélanger la ricotta, les épinards,

l'œuf, le parmesan, le basilic, le pesto et le sel.
Farcir les cannellonis du mélange.

3. Étaler un peu de sauce rosée dans le fond d'un plat de 33 cm x 23 cm (13 po x 9 po) allant au four. Disposer les cannellonis farcis sur la sauce, en une seule couche, couvrir avec le reste de la sauce. Couvrir de papier d'aluminium. Cuire au four pendant 45 minutes.

Coquilles géantes aux quatre fromages
10 portions

15 ml (1 c. à s.)	huile végétale	500 g (1 lb)	fromage ricotta
3	gousses d'ail hachées	45 ml (3 c. à s.)	persil frais, haché
5	feuilles de basilic frais, hachées	180 ml (3/4 t)	fromage romano râpé
		180 ml (3/4 t)	fromage parmesan râpé
15 ml (1 c. à s.)	persil frais, haché	375 ml (1 1/2 t)	fromage mozzarella râpé
5 ml (1 c. à t.)	graines de fenouil		
2 ml (1/2 c. à t.)	flocons de piment fort	4	œufs durs, hachés
15 ml (1 c. à s.)	origan frais, haché	4	œufs
1,5 l (6 t)	jus de tomate	35	grosses coquilles cuites selon les indications du fabricant
180 ml (3/4 t)	pâte de tomate		
250 g (1/2 lb)	épinards hachés finement		

1. Chauffer le four à 180 °C (350 °F).

2. Faire chauffer l'huile dans une grande casserole et ajouter l'ail. Ajouter le basilic, le persil, les graines de fenouil, les flocons de piment fort et l'origan. Ajouter le jus de tomate et laisser mijoter pendant 20 minutes ; retirer la mousse à la surface de la préparation à l'aide d'une écumoire ou d'une louche. Ajouter la pâte de tomate et réserver cette sauce.

3. Dans un grand bol, mélanger les épinards, la ricotta, le persil, le romano, le parmesan, la mozzarella, les œufs durs et les œufs. Mettre ce mélange dans une poche à douille munie d'un embout uni.

4. Farcir chaque coquille du mélange au fromage. Bien refermer les coquilles et les disposer dans un plat allant au four. Verser la sauce tomate sur les pâtes et couvrir de papier d'aluminium. Faire chauffer au four pendant 30 minutes.

Salade de macaronis au thon
4 à 6 portions

500 ml (2 t) · macaronis ou coquilles cuits
   selon les indications du fabricant
1 · carotte râpée
1 · oignon haché finement ou
2 ou 3 · échalotes hachées finement
1 · branche de céleri coupée en dés
1/2 · concombre ou courgette coupé en dés
2 boîtes (170 g chacune) · thon bien égoutté
45 ml (3 c. à soupe) · sirop d'érable
15 ml (1 c. à soupe) · vinaigre
80 ml (1/3 t) · huile de tournesol ou d'olive
125 ml (1/2 t) · mayonnaise
persil frais, haché (facultatif)
sel et poivre

1. Une fois que les pâtes sont cuites, bien les égoutter et les rincer à l'eau froide.
2. Une fois refroidies, les déposer dans un grand bol et bien les mélanger avec tous les ingrédients. Saler et poivrer au goût. Servir froid.

Sauce carbonara
6 à 8 portions

500 g (1/2 lb) · bacon coupé en lanières (lardons)

125 ml (1/2 t) · oignon coupé en tranches fines
60 ml (1/4 t) · beurre
3 · œufs battus
125 ml (1/2 t) · fromage parmesan râpé
15 ml (1 c. à soupe) · persil frais, haché
poivre

1. Dans un poêlon, faire revenir les lardons et
l'oignon dans le beurre jusqu'à ce que l'oignon
devienne translucide.
2. Dans un bol, mélanger les œufs, le parmesan,
le persil et du poivre au goût. Verser dans le
poêlon et mélanger avec les lardons et l'oignon.
Réchauffer le mélange d'œufs de 2 à 3 minutes,
à feu très doux, sans le faire cuire. Servir la
sauce carbonara avec des pâtes au choix.

Sauce marinara
4 portions

4 · gousses d'ail hachées très finement
60 ml (4 c. à soupe) · huile végétale
1 boîte (796 ml/28 oz) · tomates italiennes en dés
2 ml (1/2 c. à thé) · marjolaine séchée
7 ml (1 1/2 c. à thé) · sel
1 ml (1/4 c. à thé) · poivre
15 ml (1 c. à soupe) · origan séché
45 ml (3 c. à soupe) · persil frais, haché

1 boîte (48 g) · anchois
30 ml (2 c. à soupe) · vinaigre de vin
75 ml (5 c. à soupe) · pâte de tomate
1 boîte (142 g) · palourdes

1. Dans un poêlon, faire revenir l'ail dans l'huile. Ajouter les tomates, la marjolaine, le sel, le poivre, l'origan, le persil, les anchois, le vinaigre de vin, la pâte de tomates et les palourdes et bien mélanger.
2. Amener à ébullition et laisser mijoter à feu moyen-doux pendant 25 minutes. Servir la sauce marinara avec des pâtes au choix.

Sauce rosée
4 à 6 portions

15 ml (1 c. à soupe) · huile végétale
1 · oignon coupé en tranches
2 · gousses d'ail hachées très finement
1 boîte (796 ml/28 oz) · tomates en dés
5 ml (1 c. à thé) · origan séché
5 ml (1 c. à thé) · thym séché
5 ml (1 c. à thé) · basilic séché
2 ou 3 · feuilles de laurier
1 pincée · flocons de piment fort
sel et poivre
125 ml (1/2 t) · crème 15 % à la température ambiante

1. Dans un poêlon, faire revenir l'oignon et l'ail jusqu'à ce qu'ils soient translucides. Ajouter les tomates, l'origan, le thym, le basilic, les feuilles de laurier et les flocons de piment fort. Saler et poivrer et bien mélanger.
2. Amener à ébullition et laisser mijoter à feu moyen-doux pendant 25 minutes. Réduire le feu à doux et ajouter la crème. Mélanger et faire mijoter pendant 5 minutes supplémentaires ou jusqu'à ce que le mélange de tomates et la crème soit bien liés. Servir la sauce rosée avec des pâtes au choix.

Sauce Alfredo
4 portions

60 ml (1/4 t) · beurre
2 · gousses d'ail hachées très finement
375 ml (1 1/2 t) · crème 35 %
sel et poivre
180 ml (3/4 t) · fromage parmesan râpé
persil frais, haché

1. Dans une casserole, faire fondre le beurre à feu doux et y faire revenir l'ail jusqu'à ce qu'il soit translucide. Éviter de colorer.
2. Ajouter la crème. Saler et poivrer. Augmenter le feu à moyen-vif et cuire jusqu'à épaississement

en fouettant constamment pour éviter que la crème ne colle. Faire bouillir à feu doux pendant environ 3 minutes et retirer du feu.

3. Ajouter le parmesan et le persil, et bien mélanger. Servir la sauce Alfredo avec des pâtes au choix.

Rouleaux de lasagne aux épinards
3 portions

6 · lasagnes de blé entier cuites selon les indications du fabricant

Garniture
1 (170 g/6 oz) · paquet d'épinards déchiquetés, ramollis à la vapeur
250 g (1/2 lb) · fromage cottage
125 ml (1/2 t) · fromage mozzarella râpé
1 · œuf
1 ou 2 · gousses d'ail écrasées

Sauce
15 ml (1 c. à soupe) · huile végétale
80 ml (1/3 t) · oignon haché finement
80 ml (1/3 t) · poivron rouge coupé en dés
30 ml (2 c. à soupe) · farine de blé entier
500 ml (2 t) · lait

1. *Chauffer le four à 180 °C (350 °F).*
2. *Dans un bol, mélanger les épinards, le cottage, la mozzarella, l'œuf et l'ail. Étendre la garniture sur les lasagnes et former des rouleaux. Réserver.*
3. *Dans une casserole, faire chauffer l'huile et y faire revenir l'oignon et le poivron. Ajouter la farine, puis le lait. Amener à ébullition, puis réduire le feu et cuire pendant 2 minutes.*
4. *Dans un plat allant au four, déposer quelques cuillérées de sauce. Mettre les rouleaux de lasagne le côté scellé en dessous. Couvrir du reste de sauce. Couvrir et cuire au four 10 minutes, jusqu'à ce que la sauce bouillonne. Servir chaud.*

Pennes rosas aux brocolis
4 à 6 portions

750 ml (3 t) • penne non cuits
1 • petite botte de brocoli, coupée en bouquets
250 g (8 oz) • fromage à la crème
250 ml (1 t) • jus de tomate
3 • oignons verts hachés
10 ml (2 c. à thé) • basilic séché
2 • gousses d'ail hachées finement
2 • tomates coupées en dés
500 ml (2 t) • poulet cuit, coupé en cubes

1. Dans une casserole, cuire les pâtes selon les indications du fabricant, en ajoutant le brocoli à la dernière minute de cuisson. Égoutter.

2. Dans un poêlon, mélanger le fromage à la crème, le jus de tomate, les oignons verts, le basilic et l'ail et chauffer à feu doux, en remuant, jusqu'à l'obtention d'une sauce lisse. Ajouter les tomates et le poulet. Ajouter les pâtes et le brocoli et enrober de sauce. Servir chaud.

Linguines aux asperges et au poivron rouge
5 portions

500 g (1 lb) · asperges coupées en morceaux de 5 cm (2 po)
1 · gros poivron rouge, coupé en lamelles
30 ml (2 c. à soupe) · huile d'olive
30 ml (2 c. à soupe) · bouillon de poulet concentré ou eau
3 · gousses d'ail hachées finement
500 g (1 lb) · linguines cuits selon les indications du fabricant
125 ml (1/2 t) · fromage parmesan frais, râpé
125 ml (1/2 t) · persil frais, haché
60 ml (1/4 t) · basilic frais, haché

1. Dans une marguerite, faire cuire à la vapeur les asperges et le poivron rouge pendant 3 minutes

ou jusqu'à ce qu'ils soient tendres, mais croquants. Égoutter et réserver.

2. Dans une casserole, mélanger l'huile, le bouillon
de poulet et l'ail. Faire cuire à feu moyen pendant 1 minute ou jusqu'à ce que l'ail soit tendre.

3. Mettre les pâtes cuites dans la casserole et les
enrober du mélange d'huile. Ajouter les asperges
et le poivron cuits, le fromage, le persil et le
basilic et mélanger. Servir chaud.

Linguines aux pétoncles et aux épinards
3 portions

125 ml (1/2 t) • bouillon de poulet du commerce
    ou vin blanc
1 • oignon haché finement
250 g (1/2 lb) • petits pétoncles
80 ml (1/3 t) • fromage à la crème
30 ml (2 c. à soupe) • aneth frais, haché ou
5 ml (1 c. à thé) • basilic séché
5 ml (1 c. à thé) • zeste de citron râpé
250 g (1/2 lb) • linguines cuits selon les
    indications du fabricant
500 ml (2 t) • épinards hachés
sel et poivre
30 ml (2 c. à soupe) • fromage parmesan frais, râpé

1. Dans une casserole, porter le bouillon de poulet

à ébullition et ajouter l'oignon et les pétoncles.
Laisser mijoter pendant 4 minutes ou jusqu'à ce
que les pétoncles soient complètement opaques.
Retirer les pétoncles et mettre dans un bol. Garder au chaud.

2. Incorporer le fromage à la crème, l'aneth et le
zeste de citron au jus de cuisson et laisser chauffer à feu moyen, en remuant, jusqu'à ce que la
sauce soit veloutée. Verser sur les pâtes cuites et
bien mélanger. Ajouter les épinards et les pétoncles et saler et poivrer au goût. Parsemer de
parmesan. Servir chaud.

Linguines sauce à la crème au jambon et aux champignons
4 portions

15 ml (1 c. à soupe) · huile d'olive
1 · oignon haché
1 · gousse d'ail hachée finement
1 l (4 t) · champignons coupés en tranches
60 ml (1/4 t) · xérès sec ou vin blanc sec
5 ml (1 c. à thé) · thym séché
30 ml (2 c. à soupe) · farine
500 ml (2 t) · lait 1 %
250 ml (1 t) · jambon Forêt-Noire coupé en cubes
60 ml (1/4 t) · persil frais, haché
sel

1 ml (1/4 c. à thé) · poivre noir
500 g (1 lb) · linguines cuits selon les indications
  du fabricant

1. Dans un poêlon, chauffer l'huile à feu moyen.
   Faire revenir l'oignon et l'ail, en brassant de
   temps en temps, pendant 5 minutes ou jusqu'à
   ce que l'oignon ait ramolli. Ajouter les champignons, le xérès et le thym et cuire pendant environ 5 minutes ou jusqu'à ce que les champignons
   aient ramolli. Saupoudrer de farine et mélanger.
2. À l'aide d'un fouet, ajouter graduellement le lait
   et poursuivre la cuisson, en brassant de temps en
   temps, pendant environ 12 minutes ou jusqu'à
   ce que la sauce ait épaissi. Ajouter le jambon, le
   persil, le sel et le poivre et mélanger. Enrober les
   pâtes cuites de sauce et servir chaud.

Rigatonis aux crevettes, aux courgettes et aux champignons
8 portions

45 ml (3 c. à soupe) · huile d'olive
4 · petites courgettes coupées en juliennes
250 g (1/2 lb) · champignons coupés en tranches
1 kg (2 lb) · grosses crevettes crues, décortiquées
3 · gousses d'ail hachées finement
1 · grosse tomate coupée en dés

500 g (1 lb) · rigatonis cuits selon les indications
   du fabricant
125 ml (1/2 t) · persil frais, haché
60 ml (1/4 t) · fromage parmesan frais, râpé
30 ml (2 c. à soupe) · jus de citron
sel et poivre

1. Dans un poêlon, faire chauffer 15 ml (1 c. à
   soupe) d'huile à feu vif. Faire revenir les courgettes et les champignons pendant 3 minutes ou
   jusqu'à ce qu'ils soient tendres, mais croquants.
   Retirer du feu et garder au chaud.
2. Dans le même poêlon, faire chauffer le reste de
   l'huile à feu vif et faire revenir les crevettes et
   l'ail pendant 3 minutes, en remuant souvent,
   jusqu'à ce que les crevettes soient opaques. Ajouter la tomate et laisser cuire pendant 1 minute.
3. Dans une casserole contenant les pâtes égouttées,
   verser le mélange de courgettes et les crevettes
   dans leur jus de cuisson. Ajouter le persil, le
   fromage et le jus de citron. Saler et poivrer au
   goût. Servir chaud.

Sauce à spaghettis à la viande*
8 à 10 portions

15 ml (1 c. à soupe) · huile végétale
1 · gros oignon, haché

500 g (1 lb) · bœuf haché
500 g (1 lb) · porc haché
sel et poivre
1 boîte (540 ml/19 oz) · jus de tomate
2 boîtes (156 ml/5,5 oz chacune) · pâte de
    tomate
2 · carottes coupées en tranches
2 · branches de céleri coupées en tranches
1 · petit piment haché ou
5 ml (1 c. à thé) flocons de piment fort
6 · feuilles de laurier
5 ml (1 c. à thé) · cannelle
5 ml (1 c. à thé) · clous de girofle entiers

1. Dans une grande casserole, chauffer l'huile à feu
   vif et y faire revenir l'oignon jusqu'à ce qu'il soit
   translucide. Ajouter le bœuf et le porc hachés,
   saler et poivrer au goût et faire cuire jusqu'à ce
   que la viande brunisse.
2. Ajouter le jus de tomate, la pâte de tomate, les
   carottes, le céleri et les épices. Bien mélanger.
3. Amener à ébullition et faire bouillir à découvert
   de 30 à 45 minutes ou jusqu'à ce que le liquide
   se soit presque entièrement évaporé.

* Comme variante, on peut ajouter des légumes
  au choix (courgettes, champignons, poivrons,
  etc.) à la sauce.

Spaghettis aux boulettes de viande
8 à 10 portions

Boulettes
500 g (1 lb) · bœuf haché
500 g (1 lb) · porc haché
1 · oignon haché très finement
1 · œuf battu
30 ml (2 c. à soupe) · pâte de tomate
250 ml (1 t) · chapelure
6 · gousses d'ail hachées
60 ml (1/4 t) · olives noires hachées finement
15 ml (1 c. à soupe) · thym frais, haché

Sauce tomate
15 ml (1 c. à soupe) · huile d'olive
1 · oignon haché finement
6 · gousses d'ail hachées
1 boîte (796 ml/28 oz) · tomates broyées
1 boîte (796 ml/28 oz) · tomates en dés
1 boîte (398 ml/14 oz) · sauce tomate
1 boîte (156 ml/5,5 oz) · pâte de tomate (moins
    les 30 ml/2 c. à soupe pris pour les boulettes)
60 ml (1/4 t) · vin rouge sec
45 ml (3 c. à soupe) · sucre
5 ml (1 c. à thé) · origan séché
5 ml (1 c. à thé) · thym séché
15 ml (1 c. à soupe) · basilic séché
15 ml (1 c. à thé) · flocons de piment fort
sel et poivre

1. Chauffer le four à 220 °C (425 °F).
2. Mélanger les viandes avec les mains, puis ajouter l'oignon, l'œuf, les 30 ml (2 c. à soupe) de pâte de tomate, la chapelure, l'ail, les olives et le thym. Former des boules et les déposer dans une lèchefrite badigeonnée d'huile et couverte de papier parchemin. Cuire au four pendant 20 minutes ou jusqu'à ce que les boulettes soient dorées.
3. Dans une casserole, chauffer l'huile et y faire revenir l'oignon et l'ail jusqu'à ce qu'ils soient translucides. Ajouter tous les autres ingrédients et amener à ébullition. Baisser le feu et laisser mijoter pendant au moins 10 minutes.
4. Lorsque les boulettes sont prêtes, les ajouter délicatement dans la sauce. Servir sur des spaghettis cuits selon les indications du fabricant.

Pesto au basilic
250 ml (1 t)

500 ml (2 t) · basilic frais
2 ou 3 · gousses d'ail
60 ml (1/4 t) · pignons grillés
125 ml (1/2 t) · huile d'olive

1. Au mélangeur ou au robot culinaire, réduire le basilic, l'ail et les pignons en purée. Ajouter

progressivement l'huile d'olive en filet et mélanger jusqu'à l'obtention d'une consistance crémeuse.

Pesto aux tomates séchées
250 ml (1 t)

250 ml (1 t) · tomates séchées dans l'huile
45 ml (3 c. à soupe) · pignons grillés
1 · gousse d'ail écrasée
10 ml (2 c. à thé) · jus de citron
poivre
125 ml (1/2 t) · huile d'olive

1. Au mélangeur ou au robot culinaire, mélanger les tomates séchées, les pignons, l'ail, le jus de citron et du poivre au goût à basse vitesse. Augmenter la vitesse et ajouter progressivement l'huile d'olive en filet pour obtenir un mélange homogène.

Pain aux fines herbes
1 pain

250 ml (1 t) · farine de blé entier
250 ml (1 t) · farine tout usage
15 ml (1 c. à soupe) · sucre

2 ml (1/2 c. à thé) · bicarbonate de sodium
2 ml (1/2 c. à thé) · sel
10 ml (2 c. à thé) · poudre à pâte
5 ml (1 c. à thé) · basilic séché
2 ml (1/2 c. à thé) · sauge séchée
1 ml (1/4 c. à thé) · thym séché
60 ml (1/4 t) · beurre ramolli
125 ml (1/2 t) · lait
1 · œuf
125 ml (1/2 t) · yogourt nature
250 ml (1 t) · fromage cheddar râpé
15 ml (1 c. à soupe) · graines de pavot

1. Chauffer le four à 190 °C (375 °F).
2. Dans un bol, tamiser ensemble la farine de blé entier, la farine tout usage, le sucre, le bicarbonate de sodium et le sel. Ajouter la poudre à pâte, le basilic, la sauge et le thym. Incorporer le beurre en mélangeant la pâte à l'aide d'un batteur électrique muni d'un crochet pétrisseur.
3. Dans un autre bol, mélanger le lait avec l'œuf et le yogourt et incorporer cette préparation à la pâte au batteur. Incorporer le cheddar, toujours au batteur.
4. Tapisser le fond et les parois d'un moule à pain de 1 l (4 t) de papier sulfurisé. Déposer la pâte dans le moule. Parsemer des graines de pavot. Faire cuire au four pendant 30 minutes. Servir le pain chaud ou froid.

7 ml (1 1/2 c. à thé)	levure sèche
125 ml (1/2 t)	eau tiède
2 ml (1/2 c. à thé)	sucre
1 ml (1/4 c. à thé)	sel
250 ml (1 t)	farine tout usage
12 ml (2 1/2 c. à thé)	huile végétale

1. Diluer la levure dans la moitié de l'eau tiède. (Respecter les instructions du fabricant.)
2. Diluer le sucre et le sel dans le reste de l'eau tiède.
3. Dans un grand bol, verser la farine et les mélanges de levure et de sucre et de sel.
4. Battre à grande vitesse jusqu'à l'obtention d'une pâte homogène.
5. Disposer la pâte sur une plaque huilée et couvrir d'un linge propre, humide et chaud.
6. Laisser lever la pâte environ 1 heure 15 minutes jusqu'à ce qu'elle ait doublé de volume.
7. Pétrir la pâte pour en faire sortir l'excédent d'air.
8. Abaisser la pâte au rouleau jusqu'à l'obtention de la forme désirée.
9. Une fois garnie à votre goût, faire cuire au four à 230 °C (450 °F) de 10 à 20 minutes.

Pizza végétarienne
1 pizza de 38 cm (15 po)

1 · croûte à pizza
250 ml (1 t) · sauce à pizza
125 ml (1/2 t) · cœurs d'artichauts marinés, coupés en quartiers
125 ml (1/2 t) · champignons coupés en tranches
60 ml (1/4 t) · oignon coupé en tranches
10 · olives noires dénoyautées et coupées en tranches

1 pincée · origan séché
250 ml (1 t) · fromage mozzarella râpé
1/2 · poivron vert coupé en rondelles
1 · grosse tomate, coupée en tranches fines

1. Chauffer le four à 230 °C (450 °F).
2. Déposer la croûte sur une plaque à pizza ou une
   lèchefrite huilée. Couvrir de sauce.
3. Ajouter les cœurs d'artichauts, les champignons,
   l'oignon et les olives. Assaisonner d'origan.
   Couvrir de mozzarella. Décorer de tranches
   de poivron et de tomate.
4. Cuire au four de 12 à 14 minutes.

Pizza au bœuf haché et au bacon
1 pizza de 38 cm (15 po)

1 · croûte à pizza
15 ml (1 c. à soupe) · huile végétale
250 g (1/2 lb) · bœuf haché
1 · oignon coupé en tranches
250 ml (1 t) · sauce à pizza
6 · tranches de bacon cuites, croustillantes,
   émiettées
180 ml (3/4 t) · fromage mozzarella râpé
180 (3/4 t) · fromage cheddar ou gouda râpé

1. Chauffer le four à 230 °C (450 °F).
2. Déposer la croûte sur une plaque à pizza ou une lèchefrite huilée.
3. Dans un poêlon, faire frire le bœuf haché, puis ajouter l'oignon. Ajouter la sauce à pizza et laisser mijoter de 2 à 3 minutes.
4. Verser sur la croûte à pizza et parsemer de bacon, puis des fromages mélangés.
5. Cuire au four de 10 à 12 minutes.

Pizza au poulet barbecue
1 pizza de 38 cm (15 po)

1 · croûte à pizza
15 ml (1 c. à soupe). huile végétale
125 ml (1/2 t) · sauce à pizza
125 ml (1/2 t) · sauce barbecue épicée
2 (250 g chacune) · poitrines de poulet désossées, cuites, coupées en cubes
60 ml (1/4 t) · coriandre fraîche, hachée
250 ml (1 t) · poivron vert haché
250 ml (1 t) · oignon rouge haché
375 ml (1 1/2 t) · fromage Colby ou Monterey Jack râpé

1. Chauffer le four à 230 °C (450 °F).
2. Déposer la croûte sur une plaque à pizza ou une lèchefrite huilée. Couvrir de sauce à pizza et de

sauce barbecue. Parsemer de morceaux de poulet, de coriandre, de poivron vert, d'oignon et de fromage.

3. Cuire au four de 10 à 12 minutes.

Pizza au pesto
1 pizza de 38 cm (15 po)

1 • croûte à pizza
15 ml (1 c. à soupe). huile végétale
310 ml (1 1/4 t) • fromage ricotta
125 ml (1/2 t) • fromage mozzarella
125 ml (1/2 t) • pesto vert
2 • tomates coupées en tranches fines
60 ml (1/4 t) • fromage parmesan râpé
60 ml (1/4 t) • persil frais, haché (facultatif)

1. Chauffer le four à 230 °C (450 °F).
2. Déposer la croûte sur une plaque à pizza ou une lèchefrite huilée.
3. Dans un bol, mélanger les fromages ricotta et mozzarella. Étendre le pesto sur la croûte à pizza. Couvrir du mélange de fromages, puis répartir les tranches de tomate sur le fromage. Parsemer de parmesan.
4. Cuire au four de 10 à 12 minutes. Parsemer de persil, si désiré, avant de servir.

Pâte à tarte
2 abaisses de 23 cm (9 po) de diamètre

750 ml (3 t) • farine tout usage
5 ml (1 c. à thé) • sel
250 ml (1 t) • saindoux
125 ml (1/2 t) • eau très froide

1. Tamiser la farine et le sel. Réserver 125 ml (1/2 t) de farine. Ajouter le saindoux dans le mélange de farine et, à l'aide d'un coupe-pâte, travailler la préparation jusqu'à la formation de morceaux de la taille d'un petit pois.
2. Ajouter graduellement l'eau dans la farine réservée. Incorporer petit à petit dans la préparation de farine et de saindoux. Mélanger avec les mains jusqu'à la formation d'une boule lisse.
3. Couvrir d'une pellicule de plastique, sans serrer, et laisser reposer pendant 30 minutes au réfrigérateur.

Pâte feuilletée
Pour un plat de 8 portions

625 ml (2 1/2 t) • farine non tassée
1 pincée • sel
45 à 60 ml (3 à 4 c. à soupe) • eau très froide
250 ml (1 t) • beurre

1. Sur une grande surface enfarinée, former un petit monticule avec la farine et le sel. Creuser un puits au centre et y verser l'eau graduellement. Mélanger en pétrissant jusqu'à la formation d'une pâte.

2. Abaisser cette pâte en forme de rectangle et y déposer le beurre en 3 ou 4 morceaux. Replier la pâte aux quatre coins pour enfermer le beurre. Étaler à l'aide d'un rouleau à pâtisserie en veillant à ce que le beurre reste dans la pâte. Plier en trois et abaisser de nouveau. Répéter l'opération six fois en pliant chaque fois dans un autre sens (de haut en bas et de droite à gauche). Laisser reposer la pâte pendant 30 minutes entre chaque opération, puis laisser reposer pendant au moins 1 heure avant l'utilisation.

Pain maison facile**
3 gros pains

1,125 l (4 1/2 t) • eau
5 ml (1 c. à thé) • sucre
15 ml (1 c. à soupe) • levure sèche
45 ml (3 c. à soupe) • mélasse
5 ml (1 c. à thé) • sel de mer
45 ml (3 c. à soupe) • huile d'olive
1,375 l (5 1/2 t) • farine à pain non blanchie*
1,375 l (5 1/2 t) • farine à pain de blé entier

1. Chauffer le four à 150 °C (300 °F).
2. Mélanger 125 ml (1/2 t) d'eau et le sucre. Faire chauffer pendant 30 secondes au four micro-ondes. Ajouter la levure et laisser reposer pendant 15 minutes ou jusqu'à ce que la préparation ait doublé de volume.
3. Dans un grand bol, mélanger 2 l (8 t) d'eau tiède, la mélasse, le sel de mer et l'huile. Dissoudre avec un fouet. Ajouter la préparation de levure au mélange.
4. Ajouter les farines, 250 ml (1 t) à la fois, en mélangeant au fouet, puis à la cuillère de bois lorsque la pâte devient trop épaisse. Bien mélanger après l'ajout des 750 ml (3 t) de farine pour développer le gluten.
5. Lorsque la pâte est ferme, la pétrir pendant 10 minutes. Ajouter un peu de farine si nécessaire (la pâte ne doit plus coller aux doigts).
6. Huiler très légèrement les parois d'un grand bol et y déposer la boule de pâte. Couvrir d'un linge humide et d'un linge sec pour la première levée, d'une durée de 2 heures.
7. Après la première levée, séparer la pâte de manière à former 6 boules. Déposer 2 boules côte à côte dans 3 moules à pains. Couvrir de nouveau de deux linges, un humide et un sec, pour une deuxième levée de 2 heures.
8. Après la deuxième levée, cuire au four pendant environ 55 minutes sur la grille du milieu.

Démouler et laisser refroidir les pains sur une
grille, couverts d'un linge sec.

* Si la farine n'est pas destinée spécialement à la
  fabrication du pain, elle doit être tamisée.
** On peut facilement congeler le pain dans des
  sacs à glissière.

Sauce à pizza
1 l (4 t)

1 boîte (796 ml/28 oz) · tomates broyées
125 ml (1/2 t) · huile d'olive
1/2 boîte (156 ml/5,5 oz) · pâte de tomate
2 · gousses d'ail écrasées
1 pincée · sucre
10 ml (2 c. à thé) · herbes italiennes
sel et poivre

1. Dans une casserole, mélanger tous les ingrédients.
   Saler et poivrer au goût.
2. Faire cuire à feu moyen de 10 à 15 minutes.
   Laisser refroidir et étendre sur une pâte à pizza.

Desserts

Meringue*
1 petite meringue

1 pincée	sel
1	blanc d'œuf
60 g (12 c. à soupe)	sucre

1. Chauffer le four à 80 °C ou 100 °C (170 °F ou 200 °F).
2. Dans un bol, au batteur électrique, battre les blancs d'œuf en neige avec une pincée de sel. Ajouter très progressivement le sucre. Continuer de battre jusqu'à ce que la préparation devienne très ferme.
3. Sur une lèchefrite légèrement graissée, déposer des cuillérées de blancs d'œuf en neige.
4. Cuire au four pendant 75 minutes pour avoir un extérieur craquant et un coeur fondant et moelleux et de 90 minutes à 105 minutes pour obtenir une meringue plus solide à l'intérieur.

* Garder les proportions de 1 blanc d'œuf pour 60 g (12 c. à soupe) de sucre pour multiplier la recette.

Mousse au café
4 portions

2 · jaunes d'œuf
125 ml (1/2 t) · sucre glace
10 ml (2 c. à thé) · café instantané dilué
      dans 5 ml (1 c. à thé) d'eau bouillante
250 ml (1 t) · crème 35 %

1. Dans un bol, battre ensemble les jaunes d'œuf et le sucre glace. Ajouter le café.
2. Dans un autre bol, fouetter la crème. Ajouter au mélange d'œufs et de sucre et mélanger délicatement. Verser dans un bol et mettre au congélateur jusqu'à ce que le mélange soit ferme. Servir froid.

Flan à la crème et aux bleuets
10 portions

Flan

375 ml (1 1/2 t) · farine tout usage
125 ml (1/2 t) · sucre
7 ml (1 1/2 c. à thé) · poudre à pâte
80 ml (1/3 t) · beurre ramolli
2 · blancs d'œuf
5 ml (1 c. à thé) · vanille
750 ml (3 t) · bleuets frais ou surgelés

Garniture

30 ml (2 c. à soupe) · farine tout usage
500 ml (2 t) · yogourt nature
1 · œuf légèrement battu
160 ml (2/3 t) · sucre
10 ml (2 c. à thé) · zeste de citron ou d'orange
5 ml (1 c. à thé) · vanille

1. Chauffer le four à 180 °C (350 °F).
2. Au robot culinaire ou dans un bol à mélanger, combiner la farine, le sucre, la poudre à pâte, le beurre, les blancs d'œuf et la vanille. Bien mélanger. Presser au fond d'un moule à charnière ou d'un moule à flan, puis ajouter les bleuets. Réserver.
3. Dans un bol, saupoudrer la farine sur le yogourt. Ajouter l'œuf, le sucre, le zeste de citron et la

vanille. Mélanger jusqu'à l'obtention d'une consistance lisse. Verser sur les bleuets.

4. Cuire au four de 60 à 70 minutes, jusqu'à ce que le flan soit doré. Servir chaud ou froid.

Biscuits à la compote de pommes rosée
24 biscuits

4 · pommes rouges
60 ml (1/4 t) · cassonade
60 ml (1/4 t) · jus de citron
30 ml (2 c. à soupe) · eau
375 ml (1 1/2 t) · farine tout usage
2 ml (1/2 c. à thé) · sel
2 ml (1/2 c. à thé) · cannelle moulue
2 ml (1/2 c. à thé) · muscade
1 ml (1/4 c. à thé) · clou de girofle moulu
1 ml (1/4 c. à thé) · bicarbonate de sodium
125 ml (1/2 t) · beurre
125 ml (1/2 t) · sucre
1 · œuf
125 ml (1/2 t) · raisins secs
60 ml (1/4 t) · noix de Grenoble hachées
250 ml (1 t) · flocons d'avoine

1. Laver les pommes et les couper en morceaux ; conserver la pelure des pommes ainsi que les cœurs.

2. Dans une casserole à surface antiadhésive, mélanger la cassonade, le jus de citron et l'eau. Faire mijoter à feu doux les pommes et les cœurs dans le mélange de cassonade pendant 10 minutes. Passer la compote au robot culinaire ou au mélangeur jusqu'à obtention d'une texture lisse. Laisser refroidir.

3. Chauffer le four à 180 °C (350 °F). Beurrer une plaque à biscuits ou la garnir de papier parchemin ou d'un tapis de silicone.

4. Tamiser la farine, le sel, la cannelle, la muscade, le clou de girofle et le bicarbonate de sodium. Battre le beurre et le sucre jusqu'à l'obtention d'un mélange crémeux. Ajouter l'œuf et bien mélanger. Incorporer en plusieurs fois le mélange de farine et d'épices. Ajouter la compote de pommes refroidie et bien mélanger. Incorporer en plusieurs fois les raisins secs, les noix hachées et les flocons d'avoine.

5. Déposer la pâte sur la plaque à l'aide de deux cuillères pour former 24 biscuits de taille semblable. Faire cuire au four pendant 20 minutes.

Biscuits « croissants d'amandes »
48 biscuits

250 ml (1 t) • beurre ramolli
12 ml (1/2 t) • sucre

2 ml (1/2 c. à thé) · essence d'amande
500 ml (2 t) · farine
250 ml (1 t) · gruau
125 ml (1/2 t) · amandes en morceaux *
sucre glace

1. Chauffer le four à 160 °C (325 °F).
2. Dans un bol, mélanger le beurre, le sucre et l'essence d'amande. Réserver.
3. Dans un autre bol, mélanger la farine et le gruau et ajouter graduellement au mélange de beurre en remuant. Ajouter les amandes à la pâte et mélanger de nouveau.
4. Former des croissants d'environ 5 cm (2 po) de long sur 2,5 cm (1 po) de large. Déposer sur une plaque à biscuits graissée et cuire au four de 15 à 18 minutes.
5. Laisser refroidir les biscuits jusqu'à ce qu'ils soient à la température ambiante. Une fois refroidis, enrober les biscuits de sucre glace**.

* Avant de les incorporer à la pâte, on peut faire rôtir les amandes au four, à 150 °C (300 °F), de 10 à 15 minutes ou jusqu'à ce qu'elles soient légèrement dorées.
** Pour enrober uniformément les biscuits, les mettre dans un sac de plastique transparent avec le sucre glace, puis agiter doucement.

Petits gâteaux aux dattes
24 petits gâteaux

250 ml (1 t) · dattes dénoyautées, finement hachées
250 ml (1 t) · eau bouillante
30 ml (2 c. à soupe) · beurre
430 ml (1 ¾ t) · farine à pâtisserie
5 ml (1 c. à thé) · soda à pâte
250 ml (1 t) · sucre
1 · œuf battu
250 ml (1 t) · noix de Grenoble grossièrement
    hachées
5 ml (1 c. à thé) · essence de vanille

1. Chauffer le four à 190 °C (375 °F).
2. Combiner les dattes, l'eau bouillante et le beurre,
   puis laisser refroidir.
3. Tamiser la farine et le soda à pâte. Ajouter le
   sucre, l'œuf, les noix et l'essence de vanille à la
   préparation aux dattes et bien mélanger. Ajouter
   le mélange de farine et mélanger.
4. Verser le mélange dans des moules à petits
   gâteaux en silicone ou garnis de moules en
   papier ou préalablement beurrés.
5. Faire cuire au four pendant 25 minutes.
   Démouler lorsque tièdes.

Tarte aux œufs caramélisée
6 portions

250 g (1/2 lb) · pâte brisée
4 · œufs
180 ml (3/4 t) · sucre
60 ml (4 c. à soupe) · beurre fondu
310 ml (1 1/4 t) · lait chaud (non bouilli)
1 ml (1/4 c. à thé) · muscade
125 ml (1/2 t) · cassonade
80 ml (1/3 t) · pacanes hachées

1. Chauffer le four à 180 °C (350 °F).
2. Abaisser la pâte brisée à 0,5 cm (1/4 po) d'épaisseur et en garnir une assiette à tarte de 23 cm (9 po) de diamètre. Cuire au four pendant 10 minutes.
3. À l'aide d'un batteur électrique, bien battre les œufs dans un bol. Ajouter le sucre et mélanger. Ajouter 30 ml (2 c. à soupe) de beurre, le lait et la muscade et mélanger de nouveau. Verser ce mélange dans l'abaisse et cuire au four pendant 30 minutes.
4. Dans un bol, mélanger le reste de beurre, la cassonade et les pacanes. Verser ce mélange sur la tarte et faire caraméliser la surface sous le gril du four de 3 à 5 minutes ou jusqu'à l'obtention d'une couleur dorée.
5. Laisser reposer et servir la tarte tiède ou froide.

Tarte à la citrouille à l'ancienne mode
6 portions

1 · croûte de tarte non cuite
500 ml (2 t) · pulpe de citrouille
2 · œufs battus
500 ml (2 t) · lait
60 ml (4 c. à soupe) · mélasse
30 ml (2 c. à soupe) · sucre
2 ml (1/2 c. à thé) · sel
60 ml (4 c. à soupe) · cassonade
5 ml (1 c. à thé) · gingembre
2 ml (1/2 c. à thé) · cannelle
0,5 ml (1/8 de c. à thé) · muscade

1. Chauffer le four à 160 °C (325 °F).
2. Couper la citrouille en gros morceaux. Faire bouillir dans une grande casserole jusqu'à ce qu'elle soit tendre, environ 30 minutes. Égoutter soigneusement et réduire en purée au mélangeur, au mélangeur à main ou au robot culinaire.
3. Mélanger les œufs et le lait. Dans un grand bol, mélanger la purée de citrouille, le mélange aux œufs et la mélasse. Incorporer le sucre, le sel, la cassonade, le gingembre, la cannelle et la muscade. Verser le mélange dans la croûte de tarte. Faire cuire au four pendant 20 minutes ou jusqu'à ce que le centre soit ferme.

Gâteau au chocolat dans un bol d'Elphégina
8 portions

1 · œuf
375 ml (1 1/2 t) · farine tout usage
5 ml (1 c. à thé) · essence de vanille
1 ml (1/4 c. à thé) · sel
125 ml (1/2 t) · poudre de cacao ou
60 ml (1/4 t) · poudre de cacao
2 · carrés de chocolat mi-sucré râpé
125 ml (1/2 t) · lait
125 ml (1/2 t) · beurre
250 ml (1 t) · sucre
5 ml (1 c. à thé) · bicarbonate de sodium
125 ml (1/2 t) · café chaud

1. Chauffer le four à 180 °C (350 °F).
2. Mettre tous les ingrédients dans un bol et mélanger, sans battre, jusqu'à ce que le mélange soit mouillé. Verser dans un moule à gâteau rond de 8 po ou 9 po (20 cm ou 23 cm) de diamètre.
3. Cuire au four de 30 à 35 minutes, jusqu'à ce qu'un cure-dent inséré au centre du gâteau en ressorte sec. Servir chaud ou froid.

Pouding au pain perdu
8 portions

500 ml (2 t) · lait
1 · œuf battu
125 ml (1/2 t) · raisins secs
2 ml (1/2 c. à thé) · muscade en poudre
180 ml (3/4 t) · sucre
1 l (4 t) · pain coupé en morceaux grossiers*

1. Chauffer le four à 190 °C (375 °F).
2. Dans un bol, mélanger le lait, l'œuf, les raisins, la muscade et le sucre.
3. Dans un bol allant au four, déposer le pain, puis arroser du mélange de lait. S'assurer de bien imbiber le pain.
4. Faire cuire au four pendant 45 minutes, jusqu'à ce que le pouding ait levé et qu'il soit légèrement doré.

* Il est recommandé d'utiliser du pain belge ou du pain baguette légèrement desséché.

Pouding au riz
8 portions

125 ml (1/2 t) · riz non cuit
750 ml (3 t) · eau bouillante

375 ml (1 1/2 t) · lait
1 · œuf battu
2 ml (1/2 c. à thé) · muscade en poudre
180 ml (3/4 t) · sucre

1. Chauffer le four à 190 °C (375 °F).
2. Dans une casserole, cuire le riz dans l'eau bouillante jusqu'à ce celle-ci se soit entièrement évaporée. Transférer dans un bol allant au four.
3. Dans un autre bol, mélanger le lait, l'œuf, la muscade et le sucre. Arroser le riz et bien mélanger.
4. Cuire au four pendant 45 minutes. Laisser refroidir pendant 5 minutes et servir avec du sirop d'érable.

Fudge aux canneberges
25 carrés

310 ml (1 1/4 t) · canneberges fraîches ou surgelées
125 ml (1/2 t) · sirop de maïs léger
500 ml (2 t) · pépites de chocolat
125 ml (1/2 t) · sucre glace
60 ml (1/4 t) · lait évaporé
5 ml (1 c. à thé) · essence de vanille

1. Tapisser le fond et les côtés d'un plat de 20 cm

(8 po) de diamètre d'une pellicule de plastique. Réserver.

2. Dans une casserole, faire bouillir les canneberges et le sirop de maïs à feu vif, de 5 à 7 minutes, jusqu'à ce que le liquide soit réduit à 45 ml (3 c. à soupe). Remuer de temps à autre.

3. Ajouter immédiatement les pépites de chocolat. Remuer jusqu'à ce qu'elles soient complètement fondues. Ajouter ensuite tous les ingrédients restants et remuer jusqu'à ce que le mélange soit bien épais.

4. Verser dans le plat réservé. Couvrir et placer au réfrigérateur* jusqu'à ce le mélange soit bien ferme. Découper ensuite en 25 carrés de 4 cm (1 1/2 po).

* Dans un contenant hermétique, le fudge peut se conserver jusqu'à une semaine au réfrigérateur.

Tire d'érable
6 portions

500 ml (2 t) · sirop d'érable
2 l (8 t) · neige tassée ou glace pilée

1. Dans une grande casserole, faire cuire le sirop d'érable jusqu'à ce qu'il atteigne 115,5 °C (240,6 °F) au thermomètre à bonbons.

2. Déposer la neige ou la glace dans un contenant en la tassant bien. Verser le sirop d'érable
en filets sur la neige. Laisser durcir environ
30 secondes et enrouler la tire autour d'un
bâtonnet.

Carrés chocoframboises à l'érable
25 carrés

> 250 ml (1 t) · sirop d'érable
> 2 · œufs battus
> 125 ml (1/2 t) · beurre
> 250 g (8 oz) · chocolat noir 70 %
> 1 l (4 t) · céréales de flocons de maïs (de type
> Corn Flakes)
> 375 ml (1 1/2 t) · graines de tournesol
> 1 (250 ml/1 t) · casseau de framboises fraîches

1. Dans une casserole à fond épais, mélanger le
sirop d'érable, les œufs, le beurre et le chocolat.
Cuire à feu moyen en remuant jusqu'à ce que le
chocolat soit fondu.
2. Au robot culinaire, réduire en chapelure les
céréales et les graines de tournesol. Ajouter la
chapelure au mélange de sirop d'érable, bien
incorporer et retirer du feu.
3. Ajouter les framboises fraîches et mélanger de
nouveau délicatement. Verser dans un moule

carré de 20 cm (8 po) tapissé d'une pellicule de plastique. Réfrigérer pendant 6 heures et couper en carrés avant de servir.

Œufs de Pâques
24 gros œufs

1,375 l (5 1/2 t) · sucre glace
125 g (1/4 lb) · beurre fondu
125 ml (1/2 t) · lait condensé sucré
30 ml (2 c. à soupe) · sirop de maïs
15 ml (1 c. à soupe) · essence de vanille
250 g (1/2 lb) · chocolat mi-sucré
1/4 barre (30 g) · paraffine alimentaire

1. Dans un bol, mélanger le sucre glace, le beurre, le lait condensé, le sirop de maïs et la vanille jusqu'à l'obtention d'une pâte ferme. Façonner des œufs* à la main à partir de la pâte. Réfrigérer pendant 2 heures.
2. Dans un bain-marie, faire fondre à feu doux le chocolat avec la paraffine. Tremper les œufs dans le chocolat fondu, puis les égoutter sur une grille au-dessus d'une feuille de papier ciré afin de récolter le chocolat fondu et de le réutiliser.
3. Déposer les œufs égouttés sur une plaque de cuisson tapissée de papier ciré et réfrigérer jusqu'à ce que le chocolat soit ferme.

* Pour donner l'apparence d'un « vrai » œuf, on peut aussi colorer une partie de la pâte de colorant alimentaire jaune pour former le jaune de l'œuf. Il s'agit alors de former une petite boule jaune et de l'enrouler de pâte blanche.

Fantaisie à la guimauve
25 carrés

12 · biscuits Graham
12 · guimauves
250 ml (1 t) · dattes dénoyautées
125 ml (1/2 t) · crème 35 %
1 ml (1/4 c. à thé) · essence de vanille
125 ml (1/2 t) · noix de Grenoble hachées

1. Émietter les biscuits Graham. Déposer dans le fond d'un moule carré de 20 cm (8 po).
2. Couper finement les guimauves et les dattes.
3. Fouetter la crème et ajouter l'essence de vanille.
4. Mélanger la crème fouettée, les guimauves, les noix et les dattes. Verser sur les biscuits Graham. Réfrigérer.
5. Couper en carrés une fois le tout refroidi.

Sucettes glacées aux petits fruits et à l'érable
8 sucettes glacées

125 ml (1/2 t) · sirop d'érable
750 ml (3 t) · yogourt nature
jus de 1 lime
250 ml (1 t) · fraises broyées au mélangeur
250 ml (1 t) · bleuets broyés au mélangeur

1. Dans un bol, mélanger le sirop d'érable, le yogourt nature et le jus de lime. Séparer la préparation en deux parts égales.
2. Mélanger une part avec les fraises et l'autre part avec les bleuets. Verser en alternant dans des moules à sucettes glacées et mettre au congélateur de 4 à 6 heures.

Iglou aux fraises
8 portions

375 ml (1 1/2 t) · chapelure
60 ml (1/4 t) · sucre
60 ml (1/4 t) · beurre fondu ou margarine
1,5 l (6 t) · crème glacée à la vanille, ramollie
500 ml (2 t) · sorbet aux fraises, ramolli
crème fouettée
fraises fraîches

184

1. Dans un bol, mélanger la chapelure, le sucre et le beurre. Presser le mélange dans un autre bol de 1,25 l (5 t). Congeler pendant 45 minutes.
2. Presser la crème glacée dans le fond et autour du bol, par-dessus le mélange de chapelure, tout en laissant le centre vide. Congeler de nouveau pendant 45 minutes ou jusqu'à ce que la crème glacée soit ferme.
3. Presser le sorbet dans le centre de la crème glacée. Lisser le dessus et garder au congélateur pendant au moins 6 heures.
4. Démouler dans une assiette de service et garnir de crème fouettée et de fraises fraîches. Couper en tranches et servir immédiatement.

Jardinière de framboises
1 jardinière

2 · jaunes d'œuf
125 ml (1/2 t) · lait
80 ml (1/3 de t) · fécule de maïs
125 ml (1/2 t) · sucre
500 ml (2 t) · lait
15 ml (1 c. à soupe) · beurre
5 ml (1 c. à thé) · essence de vanille
1 · croûte de tarte cuite
700 g (1 lb et 7 oz) · framboises fraîches

100 g (3 oz) · gelée d'abricots, de pommettes ou
    de groseilles
45 ml (3 c. à soupe) · eau

1. Préparation de la crème pâtissière : dans une
petite casserole, mélanger les jaunes d'œuf,
125 ml (1/2 t) de lait et la fécule de maïs.
Fouetter jusqu'à l'obtention d'une texture lisse.
Ajouter le sucre, le reste du lait et le beurre.
Faire cuire à feu vif jusqu'à ce que la crème
épaississe. Retirer du feu et ajouter l'essence de
vanille. Transférer le contenu dans un autre
contenant et appliquer une pellicule plastique
directement sur la crème. Laisser refroidir pendant 1 heure à la température ambiante, puis
réfrigérer pendant au moins 6 heures.
2. Montage de la tarte : fouetter la crème pâtissière
pendant environ 2 minutes pour la rendre plus
lisse. Verser la crème* dans la croûte de tarte.
Disposer joliment les framboises sur la crème
pâtissière.
3. Dans une casserole, porter à ébullition la gelée
et l'eau. Badigeonner la gelée sur les framboises
avec un pinceau.

* On peut préparer la croûte de tarte et la crème
pâtissière la veille. Toutefois, la jardinière est
meilleure lorsque le montage final est fait seule-
ment quelques heures avant de servir.

Croustade aux pommes et aux courgettes
8 portions

1 l (4 t)	courgettes pelées et émincées	375 ml (1 1/2 t)	cassonade
750 ml (3 t)	pommes pelées et émincées	250 ml (1 t)	beurre
125 ml (1/2 t)	sucre	500 ml (2 t)	flocons d'avoine
52 ml (3 1/2 c. à s.)	jus de citron	250 ml (1 t)	farine
2 ml (1/2 c. à thé)	cannelle	5 ml (1 c. à thé)	zeste de citron râpé
5 ml (1 c. à thé)	beurre	2 ml (1/2 c. à thé)	muscade moulue
		1 ml (1/4 c. à thé)	sel
		5 ml (1 c. à thé)	essence de vanille

1. Chauffer le four à 180 °C (350 °F).
2. Mélanger dans un grand bol les courgettes, les pommes, le sucre, le jus de citron et la cannelle. Déposer le mélange dans un moule préalablement beurré.
3. Mélanger la cassonade et le beurre jusqu'à ce que ce soit homogène. Ajouter les flocons d'avoine, la farine, le zeste de citron, la muscade, le sel et l'essence de vanille et mélanger. Étendre le mélange sur les pommes et les courgettes. Faire cuire au four pendant 35 minutes. Servir chaud ou tiède.

Carrés au café et aux noix
Environ 20 carrés

750 ml (3 t) • cassonade
250 ml (1 t) • café fort
30 ml (2 c. à soupe) • beurre
10 ml (2 c. à thé) • essence de vanille
250 ml (1 t) • noix de Grenoble hachées

1. Dans une grande casserole, mélanger la cassonade et le café. Faire cuire à feu moyen pendant une dizaine de minutes, en mélangeant cons-

tamment. Retirer du feu et ajouter le beurre. Bien mélanger.

2. Laisser tiédir, puis battre jusqu'à l'obtention d'une consistance lisse. Ajouter la vanille et les noix et bien mélanger. Verser dans un moule dont le fond aura été préalablement couvert de papier parchemin et laisser refroidir complète- ment avant de couper en carrés.

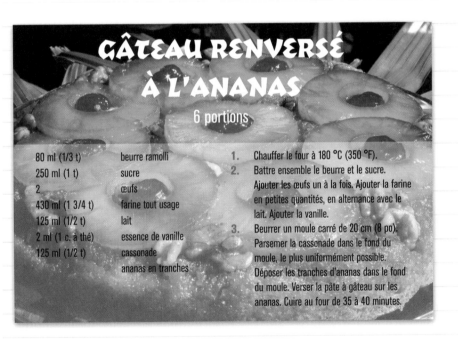

GÂTEAU RENVERSÉ À L'ANANAS

6 portions

80 ml (1/3 t)	beurre ramolli
250 ml (1 t)	sucre
2	œufs
430 ml (1 3/4 t)	farine tout usage
125 ml (1/2 t)	lait
2 ml (1 c. à thé)	essence de vanille
125 ml (1/2 t)	cassonade
	ananas en tranches

1. Chauffer le four à 180 °C (350 °F).
2. Battre ensemble le beurre et le sucre. Ajouter les œufs un à la fois. Ajouter la farine en petites quantités, en alternance avec le lait. Ajouter la vanille.
3. Beurrer un moule carré de 20 cm (8 po). Parsemer la cassonade dans le fond du moule, le plus uniformément possible. Déposer les tranches d'ananas dans le fond du moule. Verser la pâte à gâteau sur les ananas. Cuire au four de 35 à 40 minutes.

Gâteau Reine-Élisabeth
6 portions

250 ml (1 t) · eau chaude
250 ml (1 t) · dattes dénoyautés et hachées
60 ml (1/4 t) · beurre
250 ml (1 t) · sucre
1 · œuf
5 ml (1 c. à thé) · essence de vanille
375 ml (1 1/2 t) · farine tout usage
5 ml (1 c. à thé) · soda à pâte
5 ml (1 c. à thé) · poudre à pâte
180 ml (3/4 t) · noix de Grenoble hachées

Garniture
375 ml (1 1/2 t) · cassonade
80 ml (1/3 t) · crème 15 %
80 ml (1/3 t) · beurre
250 ml (1 t) · noix de coco râpée

1. Chauffer le four à 180 °C (350 °F).
2. Dans un bol, verser l'eau chaude sur les dattes.
   Bien mélanger.
3. Dans un grand bol, battre le beurre et le sucre.
   Ajouter l'œuf et la vanille et bien mélanger.
4. Tamiser la farine, le soda à pâte, la poudre à
   pâte. Ajouter les ingrédients secs et les dattes en
   alternance au mélange d'ingrédients humides.
   Bien mélanger. Ajouter les noix et mélanger.
5. Cuire au four pendant environ 25 minutes.

6. Préparation de la garniture : dans une casserole, faire chauffer la cassonade, la crème, le beurre et la noix de coco. Remuer pour former un mélange homogène.

7. Verser la garniture sur le gâteau cuit et refroidi. On peut faire chauffer le gâteau pendant 5 minutes avant de servir pour faire brunir la garniture.

Dessert à la patate douce
4 portions

1 · patate douce
250 ml (1 t) · eau
1 pincée · sel
180 ml (3/4 t) · sucre
5 ml (1 c. à thé) · cannelle moulue
5 ml (1 c. à thé) · muscade moulue
5 ml (1 c. à thé) · essence de vanille
250 ml (1 t) · lait
15 ml (1 c. à soupe) · beurre

1. Chauffer le four à 180 °C (350 °F).
2. Peler, laver et râper la patate douce. La faire cuire à feu doux dans l'eau avec le sel et le sucre jusqu'à évaporation de l'eau. Retirer du feu.
3. Mélanger la patate douce cuite avec la

cannelle, la muscade, la vanille, le lait et le beurre et bien mélanger. Verser dans un plat allant au four. Cuire au four pendant environ 30 minutes.

4. Servir chaud ou tiède accompagné de crème glacée à la vanille.

Mousse au thé Earl Grey
6 à 8 portions

30 · grosses guimauves
180 ml (3/4 t) · thé Earl Grey infusé 5 minutes
5 ml (1 c. à thé) · jus de citron
310 ml (1 1/4 t) · crème 35 %

1. Dans un bol, faire fondre les guimauves au four micro-ondes. Ajouter le thé et mélanger. Ajouter le jus de citron et

Fudge au miel
Environ 20 carrés

250 ml (1 t)	lait évaporé
500 ml (2 t)	sucre
1 carré (30 g/1 oz)	chocolat mi-sucré
1 ml (1/4 c. à thé)	sel
60 ml (1/4 t)	miel
30 ml (2 c. à soupe)	beurre
250 ml (1 t)	noix de Grenoble

1. Faire bouillir dans une casserole le lait, le sucre, le chocolat et le sel pendant 5 minutes. Ajouter le miel au mélange et continuer la cuisson jusqu'à ce qu'un thermomètre à confiserie indique 115,5 °C (240 °F). Ajouter le beurre. Laisser refroidir le mélange pendant 30 minutes.

2. Après ce délai, battre vigoureusement jusqu'à l'obtention d'une pâte crémeuse. Ajouter les noix et bien mélanger. Verser le fudge dans un moule beurré ou dont le fond est couvert de papier parchemin*.

3. Quand le fudge est ferme, découper en carrés et démouler.

* Utiliser un papier parchemin simplifie de beaucoup le démoulage.

mélanger de nouveau. Laisser refroidir jusqu'à la température ambiante, en brassant de temps en temps.

2. Dans un grand bol, battre la crème en neige. Incorporer le mélange de guimauves et de thé à la crème fouettée. Brasser jusqu'à l'obtention d'une consistance lisse.

3. Verser dans un moule à gâteau cannelé de 23 cm (9 po) de diamètre. Laisser refroidir pendant 5 heures au réfrigérateur. Servir froid.

Barres à l'amande et aux framboises
30 barres

375 ml (1 1/2 t) · farine tout usage
125 ml (1/2 t) · cassonade
60 ml (1/4 t) · sucre
2 ml (1/2 c. à thé) · poudre à pâte
2 ml (1/2 c. à thé) · sel
2 ml (1/2 c. à thé) · cannelle
125 ml (1/2 t) · beurre ou margarine
1 · œuf
5 ml (1 c. à thé) · essence d'amande
30 ml (2 c. à soupe) · farine tout usage
180 ml (3/4 t) · confiture de framboises
1 · jaune d'œuf
5 ml (1 c. à thé) · eau

1. Chauffer le four à 190 °C (375 °F).
2. Dans un bol, mélanger 375 ml (1 1/2 t) de farine, la cassonade, le sucre, la poudre à pâte, le sel et la cannelle. Incorporer le beurre et mélanger jusqu'à l'obtention d'une consistance grumeleuse. Ajouter l'œuf et l'essence d'amande et mélanger à la fourchette. Retirer 125 ml (1/2 t) de la préparation, y ajouter 30 ml (2 c. à soupe) de farine et réserver. Déposer le reste de la préparation dans un moule carré de 23 cm (9 po) légèrement graissé. Couvrir uniformément de confiture.
3. Ajouter assez d'eau à la préparation réservée pour que la pâte se tienne et ressemble à de la pâte à tarte. Façonner en 12 lanières et les tresser en diagonale sur la confiture de manière à former un treillis. Badigeonner la pâte de jaune d'œuf mélangé à l'eau.
4. Cuire au four de 25 à 30 minutes ou jusqu'à ce que la pâte prenne une couleur dorée. Laisser refroidir et tailler en barres.

Biscuits au gruau et aux raisins
4 douzaines de biscuits

250 ml (1 t) • farine tout usage ou de blé entier
5 ml (1 c. à thé) • bicarbonate de sodium
2 ml (1/2 c. à thé) • sel
500 ml (2 t) • gruau

60 ml (1/4 t) · germe de blé
180 ml (3/4 t) · beurre ou margarine
375 ml (1 1/2 t) · cassonade légèrement tassée
2 · œufs
5 ml (1 c. à thé) · essence de vanille
180 ml (3/4 t) · noix de coco râpée
180 ml (3/4 t) · raisins secs ou pépites de
    chocolat
125 ml (1/2 t) · noix de Grenoble hachées
    (facultatif)

1. Chauffer le four à 180 °C (350 °F).
2. Dans un bol, bien mélanger la farine, le bicarbonate de sodium, le sel, le gruau et le germe de blé.
3. Dans un autre bol, défaire en crème le beurre,
   la cassonade, les œufs et la vanille. Ajouter la
   préparation de farine et bien mélanger. Ajouter
   la noix de coco, les raisins secs et les noix de
   Grenoble, si désiré.
4. Déposer la pâte par cuillérées dans des lèche-
   frites légèrement graissées. Aplatir légèrement à
   la main ou avec une fourchette enfarinée. Cuire
   au four de 12 à 15 minutes ou jusqu'à ce que les
   biscuits soient légèrement dorés.

Biscuits à la mélasse

2 douzaines de biscuits

125 ml (1/2 t)	saindoux
125 ml (1/2 t)	sucre
1	œuf
125 ml (1/2 t)	mélasse
560 ml (2 1/4 t)	farine tout usage tamisée
10 ml (2 c. à thé)	bicarbonate de sodium
5 ml (1 c. à thé)	gingembre moulu
5 ml (1 c. à thé)	cannelle
1 ml (1/4 c. à thé)	sel
125 ml (1/2 t)	eau

1. Chauffer le four à 190 °C (375 °F).
2. Dans un bol, battre le saindoux et le sucre jusqu'à l'obtention d'un mélange léger et mousseux. Ajouter l'œuf et la mélasse et bien mélanger.
3. Dans un autre bol, tamiser la farine avec le bicarbonate de sodium, le gingembre, la cannelle et le sel. Ajouter au mélange crémeux en alternant avec l'eau.
4. Déposer la pâte par cuillérées dans une lèchefrite graissée. Faire cuire au four de 8 à 10 minutes.

Biscuits à l'érable et aux noix
2 douzaines de biscuits

125 ml (1/2 t) • margarine
180 ml (3/4 t) • sirop d'érable
500 ml (2 t) • farine
2 ml (1/2 c. à thé) • sel
2 ml (1/2 c. à thé) • poudre à pâte
5 ml (1 c. à thé) • essence de vanille
125 ml (1/2 t) • noix de Grenoble hachées

1. Chauffer le four à 180 °C (350 °F).
2. Dans un bol, battre en crème la margarine et le sirop d'érable.

3. Dans un autre bol, tamiser la farine avec le sel
   et la poudre à pâte. Incorporer au mélange de
   margarine et de sirop d'érable, puis ajouter la
   vanille et les noix.
4. Déposer la pâte par cuillérées dans une lèchefrite
   graissée. Cuire au four de 10 à 15 minutes ou
   jusqu'à ce que les biscuits soient légèrement dorés.

Grands-pères aux bleuets
6 à 8 portions

Sauce
1 l (4 t) · bleuets
180 ml (3/4 t) · cassonade tassée
30 ml (2 c. à soupe) · farine tout usage
15 ml (1 c. à soupe) · beurre
60 ml (1/4 t) · eau

Pâte
250 ml (1 t) · farine tout usage
30 ml (2 c. à soupe) · sucre
10 ml (2 c. à thé) · poudre à pâte
60 ml (1/4 t) · beurre
1 · œuf battu
60 ml (1/4 t) · lait

1. Dans une grande casserole, mélanger les bleuets,
   la cassonade et 30 ml (2 c. à soupe) de farine.

Ajouter le beurre et l'eau. Amener à ébullition en brassant. Réduire le feu à moyen-doux, couvrir et laisser mijoter pendant environ 8 minutes ou jusqu'à ce que la préparation soit très liquide. Réserver.

2. Dans un bol, mélanger 250 ml (1 t) de farine, le sucre et la poudre à pâte. Ajouter le beurre et, à l'aide d'un coupe-pâte, travailler le mélange jusqu'à ce qu'il prenne l'apparence d'une chapelure grossière avec quelques gros morceaux.

3. Dans un autre bol, mélanger l'œuf et le lait. Ajouter aux ingrédients secs et mélanger.

4. Porter de nouveau la sauce à ébullition. Jeter la pâte, par grosses cuillérées, dans la sauce. Baisser le feu, couvrir et laisser cuire à feu doux pendant 5 minutes. Retirer du feu et servir les grands-pères nappés de sauce.

Pets-de-sœur
24 pets de sœur

Biscuit
500 ml (2 t) • farine tout usage
60 ml (1/4 t) • cassonade
25 ml (5 c. à thé) • poudre à pâte
4 ml (3/4 c. à thé) • sel
1 ml (1/4 c. à thé) • cannelle
60 ml (4 c. à soupe) • saindoux
220 ml (7/8 t) • lait

Garniture
45 ml (3 c. à soupe) · beurre
160 ml (2/3 t) · cassonade
80 ml (1/3 t) · sirop de maïs
80 ml (1/3 t) · raisins secs
cannelle

1. Chauffer le four à 220 °C (425 °F).
2. Dans un bol, mélanger la farine, 60 ml (1/4 t) de cassonade, la poudre à pâte, le sel et la cannelle et tamiser deux fois. Ajouter le sain-doux et mélanger. Faire un puits au centre du mélange et y verser le lait d'un coup. Mélanger légèrement et, sur une surface enfarinée, abaisser la pâte au rouleau à 1 cm (1/2 po) de manière à former un rectangle.
3. Dans un autre bol, défaire le beurre en crème et le mélanger à 160 ml (2/3 t) de cassonade et au sirop de maïs. Étendre cette préparation sur la pâte et parsemer de raisins secs.
4. Humecter les bords de la pâte et rouler comme pour un gâteau roulé. Couper le rouleau en tranches de 3 cm (1 1/4 po). Placer dans une lèchefrite graissée et faire cuire au four de 20 à 25 minutes. Saupoudrer de cannelle au goût et servir chaud ou tiède.

198

Shortcake aux fraises et au rhum

6 à 8 portions

Gâteau

4	œufs
180 ml (3/4 t)	sucre
250 ml (1 t)	farine tout usage
1 pincée	poudre à pâte

Garniture

60 ml (1/4 t)	eau
125 ml (1/2 t)	sucre
30 ml (2 c. à soupe)	rhum
1 l (4 t)	crème 35 %
500 ml (2 t)	fraises fraîches, coupées en tranches
	quelques fraises entières

1. Chauffer le four à 180 °C (350 °F).
2. Dans un bol, fouetter les œufs et 180 ml (3/4 t) de sucre au batteur électrique de 7 à 10 minutes, jusqu'à ce que la préparation ait blanchi. Dans un autre bol, mélanger la farine et la poudre à pâte et incorporer délicatement au mélange d'œufs à l'aide d'une spatule.
3. Verser dans un moule graissé et enfariné de 23 cm (9 po) de diamètre. Cuire au four de 30 à 40 minutes ou jusqu'à ce qu'un cure-dent inséré au centre du gâteau en ressorte sec. Laisser refroidir jusqu'à la température ambiante. Une fois le gâteau refroidi, démouler et couper en trois tranches (sur le sens de l'épaisseur).
4. Pendant ce temps, dans une casserole, amener à ébullition l'eau, 125 ml (1/2 t) de sucre et le rhum, puis faire refroidir le sirop au réfrigérateur.
5. Dans un bol, fouetter la crème en neige.
6. Badigeonner la première tranche de gâteau de sirop, puis appliquer une première couche de fraises, puis de crème. Couvrir de la deuxième tranche de gâteau et procéder de la même façon : sirop, fraises et crème. Ajouter la dernière tranche de gâteau et répéter les opérations. Décorer de quelques fraises entières et servir.

Croustillant à la rhubarbe, aux pommes et aux fraises

8 portions

Garniture

1 l (4 t) · rhubarbe fraîche ou surgelée coupée en dés de 2,5 cm (1 po)

3 · pommes pelées et coupées en minces quartiers

500 ml (2 t) • fraises fraîches, coupées en quatre
45 ml (3 c. à soupe) • sucre
45 ml (3 c. à soupe) • farine tout usage
2 ml (1/2 c. à thé) • cannelle

Croustillant

160 ml (2/3 t) • gruau
80 ml (1/3 t) • farine tout usage
80 ml (1/3 t) • cassonade
2 ml (1/2 c. à thé) • cannelle
1 ml (1/4 c. à thé) • muscade
45 ml (3 c. à soupe) • beurre fondu

1. Chauffer le four à 180 °C (350 °F).
2. Dans un bol, mélanger la rhubarbe, les pommes et les fraises.
3. Dans un autre bol, mélanger le sucre, 45 ml (3 c. à soupe) de farine et 2 ml (1/2 c. à thé) de cannelle. Verser sur les fruits et remuer. Déposer au fond d'un plat carré de 20 cm (8 po) graissé allant au four et égaliser la surface. Réserver.
4. Dans un autre bol, mélanger le gruau, 80 ml (1/3 t) de farine, la cassonade, 2 ml (1/2 c. à thé) de cannelle et la muscade. Verser le beurre fondu et mélanger de nouveau. Étendre le croustillant sur les fruits et égaliser la surface.
5. Cuire au four pendant 1 heure ou jusqu'à ce que les fruits bouillent. Servir chaud ou tiède.

Tarte aux amandes et aux figues
8 portions

45 ml (3 c. à soupe) · confiture de fraises
1 · abaisse de pâte à tarte sucrée, cuite
160 ml (2/3 t) · figues légèrement séchées,
    coupées en tranches
80 ml (1/3 t) · beurre ramolli
80 ml (1/3 t) · sucre
90 ml (6 c. à soupe) · amandes moulues
80 ml (1/3 t) · farine préparée*
2 · gros œufs
2 ml (1/2 c. à thé) · essence d'amande
15 ml (1 c. à soupe) · amandes effilées
sucre glace

1. Chauffer le four à 180 °C (350 °F).
2. Étendre la confiture de fraises au fond de
   l'abaisse. Disposer les tranches de figues sur la
   confiture.
3. Dans un bol, battre le beurre avec le sucre, les
   amandes moulues, la farine, les œufs et l'essence
   d'amande de 1 à 2 minutes ou jusqu'à ce que le
   mélange devienne crémeux. Étaler sur les figues.
4. Parsemer le dessus de la tarte d'amandes effilées
   et cuire au four de 35 à 40 minutes ou jusqu'à
   ce que la tarte soit ferme au toucher. Laisser
   refroidir dans le moule, puis démouler et servir
   saupoudrée d'un peu de sucre glace.

* Pour obtenir de la farine préparée, ajouter 2 ml (1/2 c. à thé) de poudre à pâte et 1 pincée de sel.

Tarte Tatin aux pommes

6 portions

1	abaisse de pâte à tarte non cuite de 23 cm ou 25 cm (9 po ou 10 po)
1 kg (2 lb)	pommes à chair ferme pelées et coupées en tranches minces
125 ml (1/2 t)	sucre
45 ml (3 c. à soupe)	gelée de groseilles fondue

1. Chauffer le four à 220 °C (425 °F).
2. Placer les deux tiers des pommes à plat dans le fond de l'abaisse de pâte en les aplatissant légèrement. Parsemer de 60 ml (1/4 t) de sucre. Disposer le reste des pommes en les faisant se chevaucher et parsemer du reste de sucre.
3. Cuire au four pendant 15 minutes, puis réduire la température à 180 °C (350 °F) et continuer la cuisson pendant 30 minutes ou jusqu'à ce que les pommes soient cuites. Laisser refroidir un peu et badigeonner de la gelée de groseilles. Servir avec de la crème fouettée.

Gâteau aux noix polonais
8 à 10 portions

Gâteau
6 · œufs
750 ml (3 t) · sucre
5 ml (1 c. à thé) · essence de vanille
jus de 1/2 citron
300 g (10 oz) · noix de Grenoble moulues
15 ml (1 c. à soupe) · chapelure

Garniture
- 500 ml (2 t) · crème 35 %
- 37 ml (2 1/2 c. à soupe) · sucre
- 2 ml (1/2 c. à thé) · essence de vanille
- 7 ml (1/2 c. à soupe) · liqueur d'orange (facultatif)
- 45 ml (3 c. à soupe) · confiture au choix
- noix de Grenoble entières (facultatif)

1. Chauffer le four à 180 °C (350 °F).
2. Séparer les jaunes des blancs d'oeuf.
3. Mélanger les jaunes d'oeuf avec le sucre et battre jusqu'à l'obtention d'un mélange épais de couleur jaune pâle. Ajouter la vanille et le jus de citron et mélanger.
4. Dans un autre bol, battre les blancs d'oeuf en neige. Verser sur le premier mélange. Ajouter les noix et la chapelure et mélanger très doucement.
5. Mettre dans un moule à charnière de 25 cm (10 po) graissé allant au four qu'on aura préalablement parsemé de chapelure.
6. Cuire au four pendant environ 30 minutes, jusqu'à ce que le gâteau prenne une couleur dorée et qu'un cure-dent inséré au milieu en ressorte sec. Laisser refroidir.
7. Pendant ce temps, fouetter la crème. Ajouter le sucre, la vanille et la liqueur d'orange, si désiré, et mélanger doucement.

8. Une fois le gâteau refroidi, le couper en deux étages. Étendre la confiture entre les deux étages, puis ajouter la moitié de la crème fouettée. Refermer le gâteau et décorer du reste de crème fouettée et de noix entières. Servir.

Gâteau blanc aux fruits
3 gâteaux

375 ml (1 1/2 t) · beurre
500 ml (2 t) · sucre
6 · gros jaunes d'œuf
6 · gros blancs d'œuf
875 ml (3 1/2 t) · farine tout usage
5 ml (1 c. à thé) · poudre à pâte
5 ml (1 c. à thé) · sel
250 g (1/2 lb) · fruits confits mélangés
250 g (1/2 lb) · cerises rouges et vertes confites
250 g (1/2 lb) · raisins secs sultana
500 g (1 lb) · pacanes entières
250 g (1/2 lb) · amandes blanchies entières
250 ml (1 t) · jus d'ananas
60 ml (1/4 t) · ananas broyé égoutté
zeste de 1 citron et de 1 orange
15 ml (1 c. à soupe) · essence de vanille
15 ml (1 c. à soupe) · essence d'amande

1. Chauffer le four à 140 °C (275 °F).

2. Dans un bol, battre le beurre en crème et ajouter le sucre. Battre jusqu'à l'obtention d'une consistance mousseuse. Incorporer les jaunes d'œuf en les battant un à la fois.
3. Dans un autre bol, mélanger la farine, la poudre à pâte et le sel. Ajouter les fruits confits, les cerises, les raisins secs, les pacanes et les amandes et mélanger de nouveau. Incorporer le mélange de jaunes d'œuf en alternant avec le jus d'ananas.
4. Dans un autre bol, battre les blancs d'œuf en neige. Ajouter l'ananas, le zeste de citron et d'orange, la vanille et l'essence d'amande. Incorporer au mélange de farine et de fruits confits.
5. Verser la préparation dans 3 moules à pain graissés de 10 cm x 22 cm (4 po x 8 1/2 po). Faire un puits profond au centre de la pâte pour permettre aux gâteaux de lever uniformément. Cuire au four de 3 à 4 heures, accompagnés d'un moule rempli d'eau pour les empêcher de sécher. Démouler sur une grille et laisser refroidir jusqu'à la température ambiante.

Gâteau à la soupe aux tomates
9 portions

Gâteau
180 ml (3/4 t) • saindoux

60 ml (1/4 t) · sucre
2 · œufs
1 boîte (284 ml/10 oz) · soupe aux tomates
180 ml (3/4 t) · eau
5 ml (1 c. à thé) · bicarbonate de sodium
750 ml (3 t) · farine
15 ml (1 c. à soupe) · poudre à pâte
5 ml (1 c. à thé) · cannelle
5 ml (1 c. à thé) · muscade
5 ml (1 c. à thé) · clou de girofle moulu
180 ml (3/4 t) · raisins secs

Glaçage
250 ml (1 t) · fromage à la crème
60 ml (1/4 t) · beurre fondu
5 ml (1 c. à thé) · jus de citron
2 ml (1/2 c. à thé) · zeste de citron
2 ml (1/2 c. à thé) · essence de vanille
500 ml (2 t) · sucre glace

1. Chauffer le four à 180 °C (350 °F).
2. Dans un bol, réduire en crème le saindoux et le sucre. Ajouter les œufs et bien battre. Réserver.
3. Dans un autre bol, mélanger la soupe aux tomates, l'eau et le bicarbonate de sodium.
4. Tamiser ensemble la farine, la poudre à pâte, la cannelle, la muscade et le clou de girofle.
5. Ajouter alternativement le mélange de soupe et la farine à la préparation de saindoux, en

remuant après chaque addition. Ajouter les raisins secs et mélanger délicatement sans battre.

6. Verser dans un moule carré graissé de 23 cm (9 po) et cuire au four pendant 55 minutes ou jusqu'à ce qu'un cure-dent inséré au milieu du gâteau en ressorte sec.

7. Pendant ce temps, dans un bol, battre ensemble le fromage à la crème et le beurre jusqu'à l'obtention d'un mélange lisse. Ajouter le jus et le zeste de citron et la vanille, puis incorporer graduellement le sucre glacer. Battre de nouveau.

8. Lorsque le gâteau est à la température ambiante, le couvrir de glaçage et servir.

Gâteau mousse au chocolat*
6 à 8 portions

160 ml (2/3 t) · pépites de chocolat mi-sucré
1 boîte (300 ml/10 oz) · lait condensé sucré
1 (7 g) · sachet de gélatine en poudre
250 ml (1 t) · crème 35 %
250 g (1/2 lb) · biscuits gaufrettes de type Waffeletten

1. Dans un bol, faire fondre les pépites de chocolat au four micro-ondes ou au bain-marie. Incorporer le lait condensé et mélanger.

2. Dans un petit bol, dissoudre la gélatine dans un

peu d'eau et ajouter au mélange de lait et de chocolat. Bien mélanger.

3. Fouetter la crème au batteur électrique jusqu'à ce qu'elle soit ferme. Ajouter à la préparation au chocolat et mélanger délicatement à la cuillère jusqu'à l'obtention d'une consistance homogène.

4. Disposer les biscuits, le côté plat vers l'extérieur, autour d'un moule à gâteau rond à fond amovible de 20 cm (8 po). Verser la préparation au chocolat dans le moule.

5. Congeler pendant 3 heures. Sortir le gâteau 5 minutes avant de servir et démouler.

* On peut conserver le gâteau non consommé au congélateur.

Gâteau au fromage au chocolat
12 portions

Gâteau
375 ml (1 1/2 t) · miettes de biscuits gaufrettes au chocolat
80 ml (1/3 t) · noix de Grenoble hachées (facultatif)
80 ml (1/3 t) · cassonade légèrement tassée
125 ml (1/2 t) · beurre, ou margarine, fondu

Garniture

  1 (250 g/1/2 lb) · contenant de fromage à
     la crème
  125 ml (1/2 t) · cassonade légèrement tassée
  2 · jaunes d'œuf
  60 ml (1/4 t) · sirop de chocolat
  5 ml (1 c. à thé) · essence de vanille
  1 (7 g) · sachet de gélatine
  60 ml (1/4 t) · eau chaude
  2 · blancs d'œuf
  60 ml (1/4 t) · cassonade légèrement tassée
  250 ml (1 t) · crème 35 %

1. Dans un bol, mélanger les miettes de biscuits
   gaufrettes, les noix de Grenoble, si désiré, et
   80 ml (1/3 t) de cassonade. Ajouter le beurre
   fondu. Mettre un peu de cette préparation de
   côté pour la décoration. Presser le reste dans le
   fond d'un moule à charnière de 20 cm (8 po)
   graissé. Réfrigérer.
2. Dans un autre bol, mélanger le fromage à la
   crème, 125 ml (1/2 t) de cassonade, les jaunes
   d'œuf, le sirop de chocolat et la vanille. Fouetter
   au batteur électrique à vitesse moyenne jusqu'à
   l'obtention d'un mélange homogène. Dissoudre la
   gélatine dans l'eau chaude et ajouter graduellement, en battant, à la préparation au chocolat.
3. Battre les blancs d'œuf en neige jusqu'à la formation de pics mous et ajouter graduellement,

toujours en battant, 60 ml (1/4 t) de cassonade jusqu'à la formation de pics fermes et luisants.

4. Fouetter la crème jusqu'à ce qu'elle soit ferme et l'incorporer délicatement à la préparation au chocolat, en mélangeant à la cuillère. Ajouter la préparation de blancs d'œuf et mélanger délicatement à la cuillère.

5. Verser dans la croûte refroidie. Parsemer la préparation de miettes de biscuits gaufrettes réservée sur le dessus de la préparation au chocolat. Réfrigérer pendant toute la nuit. Démouler et servir froid.

Pouding aux framboises
6 portions

1 l (4 t) • framboises
250 ml à 500 ml (1 t à 2 t) • sucre
2 • abaisses de pâte à tarte

1. Chauffer le four à 180 °C (350 °F).

2. Au fond d'un plat allant au four graissé d'une capacité de 2 l (8 t), déposer la moitié des framboises. Parsemer de la moitié du sucre au goût. Couvrir d'une abaisse de pâte. Répéter les étapes : le reste des framboises, du sucre et la deuxième abaisse.

3. Cuire au four environ 45 minutes ou jusqu'à ce que la pâte soit dorée. Servir chaud ou tiède.

Pouding aux bleuets
6 portions

Garniture
625 ml (2 1/2 t) · bleuets frais ou décongelés
80 ml (1/3 t) · sucre
15 ml (1 c. à soupe) · jus de citron
15 ml (1 c. à soupe) · fécule de maïs

Pouding
250 ml (1 t) · farine
60 ml (1/4 t) · sucre
10 ml (2 c. à thé) · poudre à pâte
2 ml (1/2 c. à thé) · sel
45 ml (3 c. à soupe) · beurre non salé coupé
    en morceaux
125 ml (1/2 t) · lait
1 · gros œuf
2 ml (1/2 c. à thé) · cannelle

1. Chauffer le four à 190 °C (375 °F).
2. Dans un bol, mélanger les bleuets, 80 ml (1/3 t)
   de sucre, le jus de citron et la fécule de maïs.
   Étendre la garniture au fond d'un plat graissé
   allant au four d'une capacité de 1 l (4 t).
   Réserver.
3. Dans un autre bol, mélanger la farine, 30 ml
   (2 c. à soupe) de sucre, la poudre à pâte et le
   sel. Ajouter le beurre et, à l'aide d'un coupe-

pâte, mélanger la préparation jusqu'à ce qu'elle atteigne une consistance grumeleuse. Ajouter le lait et l'œuf et, avec un fouet ou une fourchette, mélanger jusqu'à l'obtention d'une préparation homogène.

4. Avec une cuillère, laisser tomber la pâte sur la garniture aux bleuets. Dans un petit bol, mélanger le reste de sucre et la cannelle et saupoudrer sur le pouding.

5. Cuire au four pendant 40 minutes ou jusqu'à ce que le pouding soit doré. Servir chaud ou tiède.

Sucre à la crème
25 carrés

250 ml (1 t) · cassonade
250 ml (1 t) · sucre
250 ml (1 t) · crème à 35 %
5 ml (1 c. à thé) · essence de vanille
15 ml (1 c. à soupe) · beurre
250 ml (1 t) · petites guimauves
125 ml (1/2 t) · noix de Grenoble hachées
(facultatif)

1. Dans un plat profond allant au four micro-ondes, mélanger la cassonade, le sucre et la crème. Faire bouillir à intensité élevée pendant 11 minutes. Remuer deux fois pendant la cuisson.

2. Ajouter la vanille et le beurre, puis les guimauves. Fouetter jusqu'à épaississement. Ajouter les noix, si désiré.

3. Étaler dans un moule carré graissé de 20 cm (8 po). Découper en carrés et laisser refroidir, puis démouler.

Fondue au chocolat
4 portions

90 ml (6 c. à soupe) · beurre
250 ml (1 t) · sucre
160 ml (2/3 t) · poudre de cacao
5 ml (1 c. à thé) · essence de vanille
1/2 boîte (370 ml/13 oz) · lait évaporé

1. Dans une casserole, faire fondre le beurre. Ajouter le sucre et le cacao et mélanger. Incorporer la vanille et le lait et mélanger de nouveau. Faire cuire à feu doux jusqu'à ce que le mélange épaississe, en remuant sans arrêt.

2. Verser dans un caquelon à fondue et servir avec des fruits au choix (raisins, bananes, fraises, kiwis, oranges, etc.).

Fondue à l'érable
4 à 6 portions

1 boîte (540 ml/19 oz) · sirop d'érable foncé ou
1 boîte (540 ml/19 oz) · sirop d'érable clair
    additionné de 15 ml (1 c. à soupe) de
    fécule de maïs délayée dans un peu d'eau
250 ml (1 t) · crème 35 %
2 ml (1/2 c. à thé) · cannelle

1. Dans une casserole, amener le sirop d'érable à
ébullition. Ajouter la crème et la cannelle et
laisser mijoter à feu doux pendant 10 minutes,
en remuant sans arrêt.
2. Verser dans un caquelon à fondue et servir avec
des fruits au choix (raisins, bananes, fraises,
etc.), des morceaux de gâteau éponge (ou gâteau
des anges), des guimauves ou des fromages.

Tire Sainte-Catherine
120 papillotes

125 ml (1/2 t) · sucre
125 ml (1/2 t) · cassonade
125 ml (1/2 t) · mélasse
7 ml (1/2 c. à soupe) · vinaigre
60 ml (1/4 t) · sirop de maïs
60 ml (1/4 t) · eau

10 ml (2 c. à thé) · beurre
2 ml (1/2 c. à thé) · bicarbonate de sodium

1. Dans une casserole dont le haut est beurré,
   mélanger le sucre, la cassonade, la mélasse, le
   vinaigre, le sirop de maïs, l'eau et le beurre.
   Porter à ébullition en remuant et amener le
   liquide à 120 °C (250 °F), jusqu'à ce qu'une
   goutte versée dans un petit bol d'eau froide
   forme une boule. Incorporer le bicarbonate de
   sodium et retirer du feu.
2. Verser dans un moule ou une assiette beurrée
   et laisser refroidir assez longtemps pour pouvoir prendre la tire sans se brûler. Se beurrer
   les mains et étirer : tirer, replier en deux, tirer,
   replier en deux. Répéter jusqu'à ce que la tire
   devienne dorée, presque blanche. Former une
   vrille serrée.
3. À l'aide de ciseaux, couper en morceaux d'environ 2,5 cm (1 po). Envelopper dans du papier
   ciré pour conserver la tire.

Conserves et confitures

Chutney aux dattes et aux pommes
3 l (12 t).

1,25 l (5 t)	dattes dénoyautées
12	pommes golden
500 ml (2 t)	oignons
125 ml (1/2 t)	sucre
80 ml (1/3 t)	mélasse
1,25 l (5 t)	vinaigre
5 ml (1 c. à thé)	gingembre frais, râpé
10 ml (2 c. à thé)	moutarde en poudre
5 ml (1 c. à thé)	sel
1 ml (1/4 c. à thé)	piment de Cayenne

1. Chauffer le four à 100 °C (200 °F).
2. Passer au mélangeur ou au robot culinaire les dattes, les pommes et les oignons.
3. Mélanger ensemble dans une grande casserole le sucre, la mélasse et le vinaigre. Bien mélanger et ajouter la préparation de dattes.
4. Ajouter le gingembre, la moutarde en poudre, le sel et le piment de Cayenne. Amener à ébullition et laisser chauffer jusqu'à une température de 100 °C (200 °F). Retirer ce mélange du feu et le laisser tiédir.
5. Transvaser le chutney dans des bocaux préalablement stérilisés et le conserver dans un endroit sec et frais, à l'abri de la lumière.

Confiture de fruits d'automne
Environ 1,5 l (6 t)

1 l (4 t) · pêches pelées et hachées
1 l (4 t) · poires pelées et hachées
250 ml (1 t) · pommes pelées et hachées
30 ml (2 c. à soupe) · jus de citron
1,25 l (4 1/2 t) · sucre

1. Dans une grande casserole, faire cuire les fruits à feu doux pendant environ 15 minutes. Ajouter

le jus de citron et le sucre en remuant pour le faire dissoudre. Amener à ébullition en remuant régulièrement. Laisser bouillir une quinzaine de minutes, jusqu'à l'obtention de la texture épaisse d'une confiture, et retirer du feu. Remuer et écumer pendant 5 minutes.

2. Verser dans des bocaux chauds préalablement stérilisés, puis sceller.

CONFITURE DE CERISES ET DE FRAMBOISES

Environ 1,75 l (7 t)

1,5 l (6 t)	cerises dénoyautés et hachées
45 ml (3 c. à soupe)	jus d'orange
30 ml (2 c. à soupe)	jus de citron
15 ml (1 c. à soupe)	zeste d'orange
1,5 l (6 t)	framboises
1 l (4 t)	sucre
quelques gouttes d'essence d'amande	

1. Dans une grande casserole, amener à ébullition les cerises, le jus d'orange, le jus de citron et le zeste d'orange et cuire pendant une dizaine de minutes en remuant fréquemment. Ajouter les framboises, le sucre et la vanille. Amener à ébullition en remuant fréquemment. Laisser bouillir jusqu'à l'obtention de la texture épaisse d'une confiture, environ une quinzaine de minutes, et retirer du feu. Remuer et écumer pendant 5 minutes.

2. Verser dans des bocaux chauds et préalablement stérilisés, puis sceller.

Éclaté de canneberges
375 ml (1 1/2 t)

30 ml (2 c. à soupe) · eau
125 ml (1/2 t) · sucre

15 ml (1 c. à soupe) · miel
500 ml (2 t) · canneberges fraîches ou surgelées

1. Dans une casserole, amener l'eau, le sucre et le miel à ébullition. Ajouter les canneberges et amener de nouveau à ébullition. Laisser mijoter à feu moyen pendant environ 5 minutes. Retirer du feu, couvrir et laisser reposer pendant 15 minutes.
2. Servir tiède ou froid avec de la dinde ou du porc. Conserver au réfrigérateur.

Gelée de pommes
6 pots Mason de 500 ml (2 t)

1,25 l (5 t) · jus de 1 douzaine de pommes
    de taille moyenne
eau
1,875 l (7 1/2 t) · sucre
1/2 boîte (85 ml) · pectine de fruits liquide

1. Dans une casserole, déposer les pommes non pelées (enlever la queue) coupées en quartiers et couvrir d'eau. Amener à ébullition et faire cuire jusqu'à ce que les pommes soient molles.
2. Transférer les pommes dans une étamine et les laisser égoutter de manière à recueillir 1,25 l (5 t) de jus*.

3. Dans une grande casserole, mélanger le jus de pomme et le sucre et amener à ébullition à feu vif. Ajouter la pectine de fruits et cuire à gros bouillons pendant 1 minute en remuant constamment. Retirer du feu et écumer si nécessaire.

4. Transvaser dans des pots stérilisés et conserver dans un endroit sec et frais.

* On peut garder la pulpe pour confectionner du beurre de pommes.

Beurre de pommes

6 pots Mason de 500 ml (2 t)

1,25 l (5 t)	pulpe de 1 douzaine de pommes de taille moyenne*
1,875 l (7 1/2 t)	sucre
2 ml (1/2 c. à thé)	piment de la Jamaïque moulu
5 ml (1 c. à thé)	cannelle
1/2 boîte (85 ml)	pectine de fruits liquide

1. Dans une casserole, déposer les pommes non pelées (enlever la queue) coupées en quartiers et couvrir d'eau. Amener à ébullition et faire cuire jusqu'à ce que les pommes soient molles.

2. Transférer les pommes dans une étamine et les laisser égoutter de manière à recueillir 1,25 l (5 t) de pulpe.*

3. Dans une grande casserole, mélanger la pulpe, le sucre et les épices. Amener à ébullition à feu vif et cuire à gros bouillons pendant 1 minute en remuant constamment.

4. Retirer du feu et ajouter la pectine. Écumer si nécessaire et transvaser dans des pots stérilisés. Conserver dans un endroit sec et frais.

* On peut utiliser le jus des pommes pour confectionner de la gelée de pommes.

Chutney à la rhubarbe
500 ml (2 t)

5 ml (1 c. à thé) · huile végétale
1/2 · oignon rouge haché
750 ml (3 t) · rhubarbe fraîche ou surgelée,
    hachée finement
1 · pomme verte non pelée, le cœur enlevé,
    hachée finement
1 · piment fort épépiné, haché finement
2 · gousses d'ail hachées finement
30 ml (2 c. à soupe) · gingembre frais, râpé
80 ml (1/3 t) · cassonade
125 ml (1/2 t) · gelée de poivrons rouges ou
    confiture de framboises
1 ml (1/4 c. à thé) · cannelle
1 ml (1/4 c. à thé) · piment de la Jamaïque
    moulu

1. Dans une grande casserole, faire chauffer l'huile à feu moyen. Faire sauter l'oignon de 3 à 5 minutes ou jusqu'à ce qu'il commence à ramollir. Ajouter la rhubarbe, la pomme, le piment, l'ail, le gingembre, la cassonade et la gelée de poivrons. Saupoudrer de cannelle et de piment de la Jamaïque. Cuire à feu moyen-vif, en remuant souvent, jusqu'à ce que le mélange commence à bouillir.

2. Réduire le feu à moyen-doux. Laisser mijoter à découvert, en remuant de temps en temps, de 10 à 15 minutes ou jusqu'à ce que le mélange devienne sirupeux*. Transvaser dans des pots en verre**. Servir chaud ou à la température ambiante.

* Le chutney épaissira légèrement en refroidissant.
** Dans des pots, le chutney se conserve une semaine au réfrigérateur.

Relish de septembre
6 gros pots Mason de 1 l (4 t)

Préparation
4 l (16 t) · concombres hachés (au robot culinaire)
8 · oignons hachés
2 · poivrons verts hachés
125 ml (1/2 t) · sel
eau

Marinade
1,25 l (5 t) · vinaigre
1,25 l (5 t) · sucre
2 ml (1/2 c. à thé) · clou de girofle moulu
10 ml (2 c. à thé) · graines de moutarde
5 ml (1 c. à thé) · graines de céleri
2 ml (1/2 c. à thé) · curcuma

1. Dans une très grande casserole, mélanger les concombres, les oignons, les poivrons et le sel. Couvrir d'eau froide et laisser reposer pendant 3 heures.

2. Bien égoutter et ajouter le vinaigre, le sucre, le clou de girofle, les graines de moutarde, les graines de céleri et le curcuma. Mélanger. Amener à ébullition et laisser mijoter de 1 à 2 heures, jusqu'à ce que les concombres soient tendres. Verser dans des pots stérilisés, sceller et conserver au frais.

Ketchup vert
4 gros pots Mason de 1 l (4 t)

2 l (8 t) · tomates vertes coupées en tranches
6 · oignons hachés finement
125 ml (1/2 t) · gros sel

Marinade
500 ml (2 t) · sucre
10 ml (2 c. à thé) · cannelle
10 ml (2 c. à thé) · clou de girofle moulu
10 ml (2 c. à thé) · poivre
10 ml (2 c. à thé) · moutarde en poudre
3 l (12 t) · vinaigre
250 ml (1 t) · eau

1. La veille, mettre les tomates et les oignons dans

une grande casserole, couvrir de gros sel et laisser reposer toute la nuit.

2. Le lendemain, égoutter les tomates et les oignons. Ajouter le sucre, la cannelle, le clou de girofle, le poivre, la moutarde en poudre, le vinaigre et l'eau et mélanger. Amener à ébullition et laisser mijoter à feu doux pendant 1 heure.

3. Laisser refroidir, verser dans des pots stérilisés, sceller et conserver au frais.

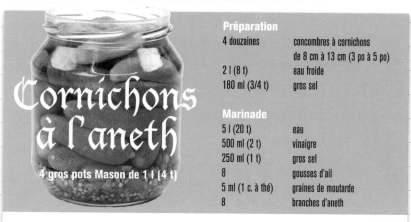

Cornichons à l'aneth
4 gros pots Mason de 1 l (4 t)

Préparation

4 douzaines	concombres à cornichons de 8 cm à 13 cm (3 po à 5 po)
2 l (8 t)	eau froide
180 ml (3/4 t)	gros sel

Marinade

5 l (20 t)	eau
500 ml (2 t)	vinaigre
250 ml (1 t)	gros sel
8	gousses d'ail
5 ml (1 c. à thé)	graines de moutarde
8	branches d'aneth

1. La veille, laver les concombres et les placer dans un grand récipient avec l'eau froide et le gros sel. Faire tremper toute la nuit.

2. Le lendemain, dans une grande casserole, faire bouillir l'eau, le vinaigre et le gros sel pendant 10 minutes.

3. Pendant ce temps, égoutter les concombres et les placer dans des pots stérilisés avec 2 gousses d'ail, 1 ml (1/4 c. à thé) de graines de moutarde et 2 branches d'aneth dans chaque pot.

4. Verser suffisamment du mélange de vinaigre dans chaque pot pour couvrir les concombres, sceller et conserver au frais. Laisser mariner de 4 à 6 semaines avant de manger les cornichons.

Cornichons d'hiver
4 gros pots Mason de 1 l (4 t)

2 kg (4 lb) · concombres à cornichons de 8 cm
à 13 cm (3 po à 5 po)
eau bouillante
eau froide
cubes de glace
2 l (8 t) · vinaigre
40 ml (8 c. à thé) · gros sel

1. Laver les concombres avec une brosse, puis les couper en deux dans le sens de la longueur.
2. Les placer dans un grand récipient et les ébouillanter. Laisser refroidir jusqu'à ce que l'eau soit tiède, puis rincer à l'eau très froide, couvrir d'eau et ajouter les cubes de glace. Laisser reposer pendant 1 heure.
3. Mettre les cornichons dans des pots stérilisés et les laisser égoutter. Ajouter 500 ml (2 t) de vinaigre et 10 ml (2 c. à thé) de gros sel par pot, sceller et conserver au frais. Laisser mariner de 4 à 6 semaines avant de manger les cornichons.

Vinaigrettes, sauces et trempettes

TZATZIKI

375 ml (1 1/2 t)

1/2	concombre anglais pelé et épépiné
180 ml (3/4 t)	yogourt nature 2 %
1 ou 2	gousses d'ail hachées finement
1	échalote française hachée
5 ml (1 c. à thé)	aneth frais, haché
2 ml (1/2 c. à thé)	fenouil haché
2 ml (1/2 c. à thé)	ciboulette hachée
	jus de 1/2 citron
	sel et poivre

1. Râper grossièrement le concombre, le presser dans une passoire et le laisser égoutter pendant 30 minutes.
2. Mettre le yogourt dans un tamis et laisser égoutter pendant 30 minutes également.
3. Mélanger ensuite tous les ingrédients au mélangeur ou au robot culinaire.
4. Transférer dans un bol, couvrir et réfrigérer pendant au moins 1 heure avant de servir.

Mayonnaise au citron
310 ml (1 1/4 t)

1 · jaune d'œuf
60 ml (1/4 t) · jus de citron
160 ml (2/3 t) · lait
60 ml (1/4 t) · huile d'olive
2 ml (1/2 c. à thé) · sel
5 ml (1 c. à thé) · moutarde en poudre

1. Mélanger vigoureusement tous les ingrédients jusqu'à l'obtention d'une texture épaisse et riche. Conserver au réfrigérateur.
2. Utiliser comme vinaigrette, comme trempette ou comme tartinade dans des sandwiches.

Vinaigrette piquante
375 ml (1 1/2 t)

250 ml (1 t) · huile d'olive
60 ml (1/4 t) · vinaigre de vin blanc
7 ml (1 1/2 c à thé) · sel
0,5 ml (1/8 c. à thé) · poivre
1 ml (1/4 c. à thé) · paprika
1 ml (1/4 c. à thé) · sel de céleri ou sel d'oignon
5 ml (1 c. à thé) · sucre
30 ml (2 c. à soupe) · ketchup
15 ml (1 c. à soupe) · jus de citron
7 ml (1 1/2 c. à thé) · sauce Worcestershire
1 · gousse d'ail coupée en deux

1. Mettre tous les ingrédients dans un contenant hermétique et bien mélanger.
2. Réfrigérer pendant 1 heure. Retirer les deux morceaux d'ail.
3. Servir sur une salade composée.

Vinaigrette au yogourt
Environ 160 ml (2/3 t)

160 ml (2/3 t) · yogourt nature
45 ml (3 c. à soupe) · mayonnaise
10 ml (2 c. à thé) · miel
15 ml (1 c. à soupe) · vinaigre de cidre
5 ml (1 c. à thé) · moutarde de Dijon
sel et poivre

1. Bien mélanger tous les ingrédients. Garder au réfrigérateur

Trempette à l'érable
Environ 500 ml (2 t)

250 ml (1 t) · ketchup aux tomates
125 ml (1/2 t) · huile végétale
125 ml (1/2 t) · sirop d'érable
5 ml (1 c. à thé) · moutarde en poudre
30 ml (2 c. à soupe) · jus de citron
125 ml (1/2 t) · céleri finement haché
5 ml (1 c. à thé) · oignon vert haché
1 · gousse d'ail émincée
15 ml (1 c. à soupe) · persil frais, haché

1. Mélanger tous les ingrédients.

2. Laisser reposer pendant 1 heure au réfrigérateur avant de servir.
3. Servir avec des crudités.

Sauce mer rouge pour fruits de mer
Environ 125 ml (1/2 t)

125 ml (1/2 t) · crème sure
30 ml (2 c. à soupe) · sauce chili
30 ml (2 c. à soupe) · raifort du commerce
3 gouttes · sauce Tabasco

1. Bien mélanger tous les ingrédients. Servir très froide pour accompagner les fruits de mer.

Trempette jamaïcaine
Environ 250 ml (1 t)

250 ml (1 t) · mayonnaise
1 · gousse d'ail émincée
5 ml (1 c. à thé) · sel
2 ml (1/2 c. à thé) · poivre
5 ml (1 c. à thé) · sauce chili
10 ml (2 c. à thé) · rhum

1. Mélanger tous les ingrédients et réfrigérer.
2. Servir pour accompagner des crudités.

Trempette au jus de fruits
Environ 375 ml (1 1/2 t)

125 ml (1/2 t) · sucre
30 ml (2 c. à soupe) · farine
1 ml (1/4 c. à thé) · sel
250 ml (1 t) · jus d'ananas
60 ml (1/4 t) · jus d'orange
60 ml (1/4 t) · jus de citron
15 ml (1 c. à soupe) · beurre
2 · œufs
125 ml (1/2 t) · crème 35 %

1. Mettre dans un bain-marie le sucre, la farine et le sel. Bien mélanger. Ajouter le jus d'ananas, le jus d'orange, le jus de citron, le beurre et les œufs. Fouetter sans arrêt jusqu'à ce que le mélange cuise, pendant environ 5 minutes. Retirer du feu et laisser refroidir sur de la glace.
2. Pendant ce temps, fouetter la crème. Incorporer la crème fouettée au mélange de jus de fruits en mélangeant délicatement.
3. Servir avec une assiette de fruits frais ou une salade de fruits.

Sauce béchamel
Pour 250 ml (1 t) de lait

CONSISTANCE	QUANTITÉ DE BEURRE	QUANTITÉ DE FARINE
Claire	15 ml (1 c. à soupe)	15 ml (1 c. à soupe)
Moyenne	30 ml (2 c. à soupe)	30 ml (2 c. à soupe)
Épaisse	45 ml (3 c. à soupe)	45 ml (3 c. à soupe)
Très épaisse	60 ml (4 c. à soupe)	60 ml (4 c. à soupe)

Crème fouettée
500 ml (2 t)

500 ml (2 t) · crème à 35 %
125 ml (1/2 t) · sucre
1 ml (1/4 c. à thé) · essence de vanille

1. Verser la crème dans un grand bol et battre légèrement avec un batteur ou un fouet électrique. Ajouter un peu de sucre, la vanille et recommencer à battre.
2. Ajouter graduellement le sucre tout en battant* jusqu'à l'obtention d'une crème fouettée ferme.

* Attention de ne pas trop battre ! Arrêter dès que la crème devient ferme.

houmous

8 portions

1 boîte (540 ml/19 oz)	pois chiches rincés et égouttés ou 250 ml (1 t) pois chiches secs cuits selon les indications du fabricant
	jus de 1 citron
80 ml (1/3 t)	beurre de sésame (tahini)
1 ou 2	gousses d'ail hachées
15 ml (1 c. à soupe)	sel
15 ml (1 c. à soupe)	cumin moulu
15 ml (1 c. à soupe)	coriandre fraîche, moulue
60 à 125 ml (1/4 à 1/2 t)	huile d'olive

1. Au mélangeur ou au robot culinaire, mélanger ensemble les pois chiches, le jus de citron, le beurre de sésame, l'ail, le sel, le cumin et la coriandre jusqu'à l'obtention d'un mélange lisse. Ajouter l'huile jusqu'à la consistance désirée. Mélanger.

2. Servir avec du pain pita ou des légumes.

Vinaigrette au chili
500 ml (2 t)

165 ml (11 c. à soupe) • vinaigre
225 ml (15 c. à soupe) • huile végétale
1/2 bouteille (255 ml) • sauce chili
1 • gousse d'ail écrasée
sel et poivre

1. Bien mélanger tous les ingrédients. Conserver au réfrigérateur.

Vinaigrette pour salade verte
375 ml (1 1/2 t)

80 ml (1/3 t) • vinaigre
250 ml (1 t) • huile végétale
50 ml (10 c. à thé) • sauce chili
quelques gouttes de sauce Tabasco
5 ml (1 c. à thé) • sauce Worcestershire
5 ml (1 c. à thé) • sel
2 ml (1/2 c. à thé) • poivre
2 ml (1/2 c. à thé) • sel ou poudre d'ail
2 ml (1/2 c. à thé) • sel de céleri
15 ml (1 c. à soupe) • épices à salade
15 ml (1 c. à soupe) • sucre

1. Bien mélanger tous les ingrédients. Conserver au réfrigérateur.

Trempette aux épinards dans un pain
1 l (4 t)

1 (300 g/10 oz) · paquet d'épinards hachés
   décongelés
500 ml (2 t) · crème sure
250 ml (1 t) · mayonnaise
1 (42 g) · sachet de mélange de potage de
   légumes ou de crème de poireaux
1 boîte (284 g/10 oz) · châtaignes d'eau
3 · oignons verts hachés
1 · grosse miche de pain pumpernickel

1. Dans un bol, mélanger les épinards, la crème
   sure, la mayonnaise, le mélange de potage, les
   châtaignes d'eau et les oignons verts.
2. Évider le pain en coupant la mie en dés et le
   remplir de trempette. Couvrir et réfrigérer pendant environ 2 heures. Servir avec les dés de mie
   de pain et des crudités.

Boissons

Punch aux fruits
20 portions

250 ml (1 t) · sucre
250 ml (1 t) · eau bouillante
1,25 l (5 t) · jus d'orange
375 ml (1 1/2 t) · jus de citron
625 ml (2 1/2 t) · jus de raisin ou de petits fruits
250 ml (1 t) · eau gazeuse

1. Dissoudre le sucre dans l'eau bouillante.
    Laisser refroidir complètement.
2. Mélanger tous les liquides et servir très froid,
    avec des glaçons.

Aventure chocolatée
7 à 8 portions

1,25 l (5 t) · lait
500 ml (2 t) · sorbet au citron ou à l'orange
125 ml (1/2 t) · sirop de chocolat
oranges et citron (facultatif)*

1. Dans un bol, mélanger le lait, le sorbet et le
    sirop jusqu'à l'obtention d'une texture onctueuse.
2. Verser dans de grands verres et servir.

*   Pour plus de fantaisie, garnir les verres de
    tranches d'orange ou de zeste de citron.

Délice aux fraises*
2 portions

625 ml (2 1/2 t) · lait 2 % ou jus de fruits
    au choix
125 ml (1/2 t) · fraises fraîches
5 ml (1 c. à thé) · sucre
jus de 1 citron
1 · boule de crème glacée à la vanille

1. À l'aide d'un mélangeur, d'un robot culinaire ou
   d'un mélangeur à main, bien mélanger tous les
   ingrédients.
2. Servir dans des verres décorés de fraises.

* Il est possible d'aromatiser la préparation avec
  de l'alcool.

Lait de déesse
12 portions

750 ml (3 t) · eau
1,25 l (5 t) · lait
1 ml (1/4 c. à thé) · sel
60 ml (1/4 t) · sucre
1 boîte (6 oz) · jus d'ananas concentré surgelé
1 boîte (6 oz) · jus d'orange concentré surgelé
1 l (4 t) · sorbet à la lime

1. Dans un bol, mélanger l'eau, le lait, le sel et le sucre. Ajouter les jus concentrés décongelés et la moitié du sorbet. Mélanger jusqu'à l'obtention d'une texture onctueuse.
2. Servir immédiatement avec des cuillérées de sorbet.

Punch sauterie au gin
12 portions

le jus de 12 citrons (12 oz)
le jus de 20 oranges (60 oz)
2 (26 oz) · bouteilles de gin
4 doseurs (1,5 oz) · sirop de grenadine
cubes de glace

1. Dans un grand bol, mélanger tous les ingrédients.
2. Ajouter les cubes de glace et servir.

Punch « dans le vent » au whisky*
12 portions

60 ml à 750 ml (4 c. à soupe à 3 t) · whisky
le jus de 12 citrons (12 oz)
250 ml (1 t) · sucre
930 ml (3 3/4 t) · thé infusé très fort
2 (355 ml)· canettes de soda

cubes de glace
fruits (facultatif)

1. Dans un grand bol, mélanger tous les ingrédients.
2. Ajouter les cubes de glace et servir.

* Pour plus de fantaisie, décorer avec des fruits de la saison ou des citrons et des cerises au marasquin.

Punch « Joyeux anniversaire »

20 portions

250 ml (1 t)	eau
125 ml (1/2 t)	sucre (au goût)
5 ml (1 c. à thé)	cannelle
5 ml (1 c. à thé)	gingembre
1 l (4 t)	jus d'orange
1 l (4 t)	jus de pomme
250 ml (1 t)	jus d'abricot
4 (355 ml)	canettes de soda
1	bouteille de vin rouge
	cubes de glace
	rondelles d'oranges
	cerises au marasquin

1. Dans une casserole, faire mijoter ensemble pendant 5 minutes l'eau, le sucre, la cannelle et le gingembre en remuant constamment.
2. Tamiser le mélange et le laisser refroidir.
3. Ajouter les jus de fruits et la boisson gazeuse, mélanger et transférer dans un grand bol.
4. Au moment de servir, ajouter le vin et les cubes de glace.
5. Garnir de rondelles d'orange et de cerises au marasquin.

Punch aux fruits de Monique
Donne environ 2, 5 l (6 t)

1 l (4 t) · eau chaude
500 ml (2 t) · sucre
1 l (4 t) · boisson gazeuse
1 · petite boîte d'ananas en morceaux
le jus de 4 oranges

1. Dans une grande casserole, faire un sirop avec
   l'eau et le sucre et laisser bouillir pendant
   15 minutes. Laisser refroidir complètement.
2. Ajouter la boisson gazeuse, les fruits et le jus
   d'orange et bien mélanger.
3. Servir très froid avec des glaçons.

Punch glacé
10 à 12 portions

1 (750 ml) · bouteille de vin blanc de Bordeaux
180 ml (3/4 t) · sucre
1 · clou de girofle entier
le zeste de 1 citron
125 ml (1/2 t) · cognac
625 ml (2 1/2 t) · thé infusé
250 ml (1 t) · rhum

1. Dans une casserole, faire chauffer le vin avec le sucre, le clou de girofle et le zeste de citron. Quand une mousse se forme à la surface du vin, le retirer du feu et ajouter le cognac, le thé et le rhum.

2. Verser dans un bol et réfrigérer. Servir froid.

Cocktail « le murmure »
8 à 10 portions

500 ml (2 t) · whisky
500 ml (2 t) · vermouth blanc
500 ml (2 t) · vermouth italien
glace concassée

1. Mélanger longuement l'alcool et la glace au mélangeur ou au robot culinaire. Secouer vivement le récipient, laisser reposer pendant quelques minutes, secouer vivement de nouveau, plus brièvement, et servir.

- Notes -

- Notes -

- Notes -

252

- Notes -

- Notes -

254

- Notes -

❧ Table des matières ❧

Recherchistes : Jacinthe Boivin-Moffet et Cynthia Cloutier Marenger

Mise en page : Marie Blanchard

Révision : Suzanne Alix

Correction d'épreuves : Natacha Auclair

Imprimé en Chine

ISBN 978-2-89642-357-6

Dépôt légal – Bibliothèque et Archives nationales du Québec, 2010

© 2010 Éditions Caractère inc.

- Cuisson des viandes -

Type	Poids	T° de cuisson	Minutes par livre	T° interne
Rôti de bœuf coupe tendre	1,3 à 2,5 kg (3 à 5 ½ lb)	350 °F (180 °C)	Saignant : 20 Médium : 25 Bien cuit : 30	Saignant : 130 °F à 140 °F (55 °C à 60 °C) Médium :140 °F à 150 °F (60 °C à 65 °C) Bien cuit : 150 °F à 170 °F (65 °C à 77 °C)
Bifteck	De 1 à 2 cm (½ à ¾ po) d'épaisseur		Saignant : 3 à 4 Médium : 4 à 5 Bien cuit :5 à 6	145 °F (63 °C) 160 °F (70 °C) 170 °F (77 °C)
Bœuf coupes maigres	Tous les poids	250 °F (120 °C)	Saignant : 45 Médium : 55 Bien cuit : 60	Saignant : 135 °F (57 °C) Médium : 150 °F (65 °C) Bien cuit : 160 °F (70 °C)
Jarret de porc	2,7 à 3,6 kg (6 à 8 lb)	325 °F (160 °C)	40 à 45	160 °F à 165 °F (70 °C à 74 °C)
Longe de porc	1,3 à 1,8 kg (3 à 4 lb)	325 °F (160 °C)	40 à 45	160 °F à 165 °F (70 °C à 74 °C)
Épaule et palette de porc	1,3 à 1m8 kg (3 à 4 lb)	325 °F (160 °C)	55 à 60	160 °F à 165 °F (70 °C à 74 °C)
Jarret de veau	1,8 à 2,7 kg (4 à 6 lb)	325 °F (160 °C)	40 à 45	180 °F (82 °C)
Longe de veau	1,8 à 2,7 kg (4 à 6 lb)	325 °F (160 °C)	35 à 40	180 °F (82 °C)
Palette de veau	2,3 à 3,2 kg (5 à 7 lb)	325 °F (160 °C)	35 à 40	180 °F (82 °C)
Ronde de veau	1,3 à 2,3 kg (3 à 5 lb)	325 °F (160 °C)	35 à 40	180 °F (82 °C)
Gigot d'agneau	2,3 à 3,2 kg (5 à 7 lb)	325 °F (160 °C)	Rosé : 25 à 30 Bien cuit :30 à 35	Rosé : 150 °F (65 °C) Bien cuit :165 °F (74 °C)
Épaule d'agneau	1,3 à 2,3 kg (3 à 5 lb)	325 °F (160 °C)	Rosé : 30 à 35 Bien cuit : 40 à 45	Rosé : 150 °F (65 °C) Bien cuit :165 °F (74 °C)
Longe d'agneau	900 g à 1,3 kg (2 à 3 lb)	325 °F (160 °C)	Rosé : 20 à 25 Bien cuit : 25 à 30	Rosé : 150 °F (65 °C) Bien cuit :165 °F (74 °C)

-Températures de friture -

Températures	Test du pain*	Aliments
350 °F à 375 °F 180 °C à 190 °C	Le pain dore légèrement au bout de 1 minute.	Beignes, beignets farcis d'aliments crus, poulet frit, crustacés
375 °F à 385 °F 190 °C à 195 °C	Le pain dore légèrement en 30 secondes.	Aliments précuits, croquettes de poisson, de poulet
385 °F à 400 °F 195 °C à 200 °C	Le pain dore légèrement en 20 secondes.	Frites, oignons frits, courgettes frites, crevettes panées

* Plonger dans l'huile chaude 1 cube de pain blanc de 2,5 cm (1 po) de côté.

Températures confiserie

Type	Température	Test à l'eau froide*
Gelées	220 °F 104 °C	Boule molle. Elle
Fondants	235 °F à 240 °F 113 °C à 116 °C	s'affaisse lorsqu'on la sort de l'eau.
Caramel	244 °F à 250 °F 118 °C à 120 °C	Boule ferme. Elle conserve sa forme hors de l'eau.
Caramel mou	250 °F à 265 °F 120 °C à 130 °C	Boule dure. On ne peut la transpercer avec l'ongle.
Caramel dur, nougat	275 °F à 300 °F 140 °C à 150 °C	Croquant. Formation de filaments lorsqu'on plonge la préparation dans l'eau froide, mais elle reste malléable lorsqu'on la sort de l'eau.